[美]道恩·福图普鲁斯（Dawn Fotopulos）| 著

曾琳 | 译

Accounting for the Numberphobic:
A Survival Guide for Small Business Owners

给创业小白的财报书

江西人民出版社

致凯瑟琳(Katherine)

她,始终能找到鼓舞人心的话语来激励发愤图强之人

为什么你需要这本书

当我说起"财务报表",你心里会怎么想?来吧,说实话。花一分钟写下你不假思索的想法。即便立刻浮现在脑海里的是粗俗的骂人话也没关系。除了你自己,没有人会看到。

下面是多年来"我讨厌数字:给创业小白的财报书"研讨会参与者吐槽的话语:

"让我想要蜷缩起来大哭一场。"

"我宁愿整个周末都在听岳母大人的唠叨。"

"我讨厌数字,而它们也讨厌我。我们是相互讨厌的。"

"这是我的会计师的问题。"

"我是一名设计师。那不是我操心的事儿。"

"如果我足够努力的话,这些数字会自己照顾好自己的。"

"巨大的黑洞。"

"让我彻夜难眠。"

"请杀了我吧!"

"我喜欢阅读我的财务报表，假如我也喜欢凌晨两点在大雨滂沱的高速公路上爆胎，以及，拔出智齿。"

写下这些评论的人都非常聪明，受过良好教育，并且才华横溢，就像你一样。他们是设计师、IT顾问、摄影师、牙医、律师，甚至健身钢管舞者。如果你一看到数字就瑟瑟发抖的话，那么最好待在好公司里。不幸的是，这恰巧是小公司的常见问题，他们中许多人的企业陷入了困境，甚至最终逃脱不了倒闭的厄运。

谁能从这本书中受益呢？销售产品或服务的小企业老板、拥有小企业客户的会计师、销售人员、营销人员、分包商、新一代小企业经营者，以及刚刚起步的创业者。还有想要自立门户的人，想要把事情做好的人，以及已经孤注一掷并且难以还债的人。甚至会计师、记账员、应收或应付账款经理等数字达人也同样能够从中受益。由于他们的客户学习了小企业生存的基础知识，他们的工作也随之变得更加轻松。

小企业之所以倒闭是因为资金短缺？未必！

你可能听说过小企业管理局（Small Business Administration）的统计数据——美国的小企业大约有一半支撑不到第4年就倒闭了。如果你询问专家有关古驰（Gucci）乐福鞋的事儿，他们大概会告诉你，这些企业之所以倒闭是因为资金短缺。他们哭诉道："这些企业需要信贷额度、贷款、风险投资、天使投资、政府补贴！"我不敢苟同。到处都有绿色的票子（指美元——编者注）飞舞，试想一下，有多少二手房按揭贷款的钱被经营不善的企业、一无是处的在线产品以及软弱无力的管理白白地浪费掉了。在过去20年里，数十亿美元就这样被糟蹋了。

我所接触过的银行业者、咨询顾问与会计人员都承认，大多数小型企业并非是因为资金匮乏才倒闭的，而是由管理上混乱所致。大部分小型企业的启动资金并非用来购买设备和建设网站，倘若在实现收支平衡之前这些资金尚未被耗尽的话，它们就会被用于支付获取管理技能或知识的各种费用。

那么，小型企业主们到底对什么一窍不通呢？答案既不是产品也不是服务。绝大部分人就是因为拥有优秀的产品和优质的服务，并且掌握了所从事领域里的一流技术，才开始创业，经营一门小生意的。然而，这些优势都不足以让运营的企业持续盈利。如果提供产品与服务的引擎没有得到良好的维护，如果缺乏操纵和引导"汽车"的管理技能，那么任何生意都将会迅速停滞不前。这儿就到了数字的用武之地了。

许多小商人认为数字是算术专家——会计才会感兴趣的事情。他们未曾意识到会计师这个角色就等同于他们的"汽车维修工"。注册会计师们熟谙如何运用那些指数标准与测量方法来衡量一家企业的运营与健康状况，他们会提供大量有用信息来对你的企业进行"日常维护"，并且使你能够避免成为国税局的监控目标。但是，如同你的维修工不会驾驶你的汽车一样，你的注册会计师也不会管理你的公司。因此你需要读懂你的"财务仪表盘"，那么你想去哪就能去哪了。

是的，学开车让人望而生畏。但是，汽油表、里程表、发动机灯、地图和方向盘都不是什么高深莫测的事，你的财务报表也是如此。学会看懂财务报表并利用其中提供的信息来操控你的企业获取利润完全在你的能力范围内。不仅如此，你还可以比你想象中更迅速、更轻松地掌握这些技能，我会在这本书中向你证明这一点。

不，你可能无法从你的注册会计师那儿听到这些。他或她更乐意继续向你收取每小时250美元来处理那些让你闻风丧胆的"复杂东西"。你只有从像我这样的人这儿才能听到这些，知道我们了解攻克这些数字的重要性，也知道最终它确实行之有效。

我以前恰巧也是一个恐惧数字的小商人，在摸索学习的过程中付出了高昂的代价。我在23岁时开始创业，有好几次差点儿破产了。我以十年如一日，日日十片抗酸药的痛苦方式来学习如何控制销货成本之类的东西——我不希望其他任何人重蹈覆辙。这本书的使命就是避免你们再遭这份罪。我有信心在几个星期内让你学会我花费了漫长岁月艰难跋涉才弄懂的东西，正如我在课堂上和研讨会上教导数百名小商人的一样。我的学生接连不断地告诉我："你说的我都能明白。""现在，我确实知道自己需要做什么了。""我听很多人说过这个东西。直到现在才明白是怎么一回事。"许多人热泪盈眶地来找我，因为，他们掌握了我在这本书中分享的知识，从而明白自己过往那段时光的努力奋斗是多么没有希望。几百家濒临倒闭的企业由于抓住了这几页书中的要点，如今已经实现盈利，并且迅速成长壮大起来。

如何看待这本书

看过经典电影《绿野仙踪》(The Wizard of Oz) 吗？记不记得其中有个场景，多萝西、稻草人、狮子和铁皮人在强大的巫师面前瑟瑟发抖。

燃烧的火焰，洪亮的声音，整座大厅由于他的存在而充斥着一种狰狞狂躁的不祥气氛。这时，伴随着多萝西的恐惧，她的小狗托托朝着巫师背后的窗帘跑了过去，抓住窗帘的一角，猛地拉扯到一边，露出一个弱不禁风的白胡子小男人，他来自奥马哈。霎时间，强大的奥兹巫师锐气尽失。

同样，《给创业小白的财报书》也将在涉及利用财务报表做出重大管理决策时，扯掉一切幻影与噪音，显露出隐藏在帷幔背后的真相。这本书将永久且彻底地摧毁你的数字恐惧症，让你提起企业会计时照样能谈笑风生。我知道，这一切听起来美好得令人难以置信。但是，在看完这本书之后并回顾每一章结尾的"关键点"——它们让你有机会能够直接有效地运用概念，你会发现，经营一家企业可以像玩电子游戏那样简单，因为你终于知道应该如何持续得分。这本书有效地勾画出营建盈利企业的可靠路线图。这就是我的目标：我想要告诉你利用一本书实现目标的最简单方式，这本书既全面又没有教科书的冗长与枯燥。

你可能已经选修了会计课程，但这本书与你读过的任何会计书不同。你不会在书中找到类似"债务""贷方"或"一般公认会计原则（GAAP）"等术语。有很多注册会计师写的东西就是无毒安眠药，而这本书读起来既轻松又有趣。

我努力把这些艰难之事变得循序渐进且易于理解和执行。《给创业小白的财报书》从逐行剖析三个最重要的导航工具开始：净损益表（损益表、利润表）、现金流量表与资产负债表。关乎小企业生死存亡的、至关重要的事情便是懂得这些财务报表所告诉你的企业状况。第1章、第2章和第3章温习了净损益表，包括它的测量目标、运作原理，以及如何通过一些小变化来提升盈利能力。第4章带你了解盈亏平衡分析，倘若要营建可持续经营的企业就必须了解这一点。第5章和第6章包含了关于阅读现金流量表和管控收款程序以避免破产的实战型建议，企业管理者不要等到为时已晚才来学习这些内容。

第7章与第8章则着重讲解资产负债表，包括其运作原理以及在衡量小企业健康状况中的重要作用。它们会向你介绍银行家是如何详细审查报表上的信息，以及可以如何利用此番洞悉来使自己受益，从而成为一名业内人士。第9章揭示了在处理日常事务的过程中，净损益表、现金流量表和资产负债表之间是如何相互关联的。最终，这些报表会成为你的第二本能，你将能够预测出可以改进的地方，或者看到即将出现的风险，防患于未然。第10章通过对功成名就的连续创业家诺姆·布洛茨基进行的一次千载难逢的采访温习了全书的关键点。

我希望你能获得知识和智慧。例如，有了知识，查看温度表时就能看出外面是华氏95度。但是，知识唯有与智慧相结合才能使你受益匪浅。智慧告诉你，在华氏95度的气温下出门，应该穿的是短裤和拖鞋，而不是雪衫裤。遗憾的是，大多数企业会计培训侧重于知识而非智慧。我见过许多企业老板在本科会计课程考试中获得A，而且对于财务报表中每个项目也能说个一清二楚，但是他们却不知道，倘若**毛利率**低于30%，那么他们的企业正在迅速迈向破产的大门。

财务报表对已经发生的事件进行一番衡量，并确定了你目前的状况。作为小企业经营者，你最大的挑战就是如何明智而巧妙地运用这些数据来发现机会，管控风险，以及预测今日的某些决策会在将来给企业带来怎样的后果。

为什么你要听从道恩·福图普鲁斯？

我拥有20多年"华尔街商人"的从商经验，我曾担任花旗集团零售银行的副总裁，管理公司信用卡营销组（Marketing Group for Corporate Card Products），那是当时机构内增长最迅速、盈利能力最强的产品线。此外，多年来，我一直是一位连续创业者。我还成功地推出了八十多家企业与产品线，涉及的行业包括金融服务、消费产品、房地产开发、高科技与非营利组织。

目前，我是曼哈顿国王学院（The King's College）的商业副教授，负责教授《管理学原理》《经营策略》与《市场学导论》等课程，并且曾经是哥伦比亚大学商学院的访问演讲者，纽约大学斯特恩商学院（Stern School of Business）的兼职教授，以及Kauffman Fast Trac创业者计划的认证讲师。

另外，我是由家得宝公司（Home Depot）创始人——伯纳·德马库斯（Bernie Marcus）发起的全国性组织——就业机会创造者联盟（The Job Creators Alliance）的首席执行官。我的职责就是每个月在媒体前亮相，倡导支持成立新企业与创造就业机会的政策。

我是最佳小生意助手网站（Best Small Biz Help.com）的创始人，我那备受赞誉的博客与资源网站的任务就是：确保小商人能够在任何经济环境中利用有限的资源来提升利润。网站上"紧急按钮"提供了关于我们的目标受众——小商人所面对各种压力的现场调查。

我在针对市场上各行各业陷入困境的公司进行诊断分析方面具有丰富的经验，这些对学生和小企业而言是非常宝贵且极具价值的。我深刻地体会到，经营一家盈利的小企业是多么复杂和困难，这一点儿也不假。

* * *

不要被这本书的书名所误导：《给创业小白的财报书》所探讨的不仅仅只是数字、会计或财务报表。它关乎企业的未来。它关乎你能够充分弥补自身天赋的不足，从而可以支持你的亲人与家人。它关乎利用你的技能、天赋与经验来促使某些有形的东西显示出你努力工作、废寝忘食的回报。它关乎为你提供一张路线图，这样你的小企业就不会成为统计数据里那50%倒闭中的一员。它关乎给予经营小企业的人再次放飞梦想的自由，无论这些人是来自办公室还是店面，是来自地下室、车库还是餐桌，无论经济如何像过山车一般动荡，梦想终究会成真。

这本书的使命就是：指导你如何通过看懂基础财务数据，并弄明白其背后的含义来持续得分。然后，你会发现，经营小企业也能其乐无穷，而不需要胆战心惊。你将能够预测未来，而不是成为未来的牺牲品。你将会具备足够的现金来支付手头上的账单。最重要的是，你将拥有实现企业盈利的经营策略。

你将学到什么

- 密切注意你的财务仪表盘是关键；它对衡量你的进程非常重要。你要学会如何利用它做出更明智的决策。
- 运营企业的重心是毛利率，而非净收入。事半功倍，利润翻番。

- 显示盈利的小企业依然可能破产。我们会告诉你应当如何避免这种情况。
- 必须收回应收账款。这本书可以做到！
- 顺利渡过小企业风暴的专家为你提供无价的建议，这将让你在任何经济环境中都能实现盈利。

无论目前你是处于实战中，或只是怀抱梦想的微光，这本书都将让你获益良多。

因此，你有两个选择。你可以让数字继续成为你的噩梦，永远让自己受制于那些收费昂贵的顾问；也可以阅读这本书，克服自身的恐惧，并且学会如何操控自己的企业，沿着那条既令人兴奋又收获颇丰的道路，实现盈利，拥有积极的、可预测的现金流。不管你是梦想开公司的人，还是小老板、企业的经营者，抑或供应商，你都需要了解这本书的内容。当其他公司还在苦苦挣扎，你的企业已经能够在竞争中屹立不倒、蓬勃发展。这是我对你的祝福。那么，让我们开始学习如何通过净损益表来寻觅利润的动向。

目 录

为什么你需要这本书

第 1 章　财务仪表盘——净损益表，现金流量表与资产负债表

净损益表　006

现金流量表　010

资产负债表　014

关键点　017

第 2 章　净损益表——利润增长的关键点

净损益表上的行项目　022

管理基准　040

关键点　041

第 3 章　利用净损益表提高利润——瞪大双眼，小心驾驶

驱动产品型企业的利润　046

驱动服务型企业的利润　062

关键点　071

第 4 章　盈亏平衡点——让你的企业真正实现自我运转

盈亏平衡点影响深远的原因　076

如何发现盈亏平衡点　078

抵达盈亏平衡点需要时间　086

营销费用是助推力还是绊脚石　089

维持在盈亏平衡点之上　092

关键点　094

第 5 章　你的现金流量表正在说话——你能听到吗？

现金流为何重要之原因　098

现金与净收入并非同一回事　099

现金流量表的运作原理　107

巧法预算现金　110

避开烧钱的陷阱　115

关键点　119

第 6 章　管理好你的现金流——多多益善

现金流入的管理　124

现金流出的管理　140

关键点　144

第 7 章　你的公司值多少钱呢？——资产负债表隐藏的秘密

资产负债表透露了什么　148

资产负债表的三个部分　151

关键点　170

第8章　资产负债表在行动——如何赢得朋友&如何影响银行家

资产负债表的数据揭示了什么　174

如何改善资产负债表　177

银行如何评估企业　179

贷款期限与抵押品作用　182

与银行打交道的八大误区　183

关键点　190

第9章　合而为一，融会贯通——实时操控财务仪表盘

基本商务交易　197

比率与百分比有助于发现规律　209

关键点　214

第10章　数字成就企业——诺姆·布洛斯基专访

诺姆·布洛斯基的内心世界　220

关键点　237

鸣谢　239

出版后记　243

第 1 章

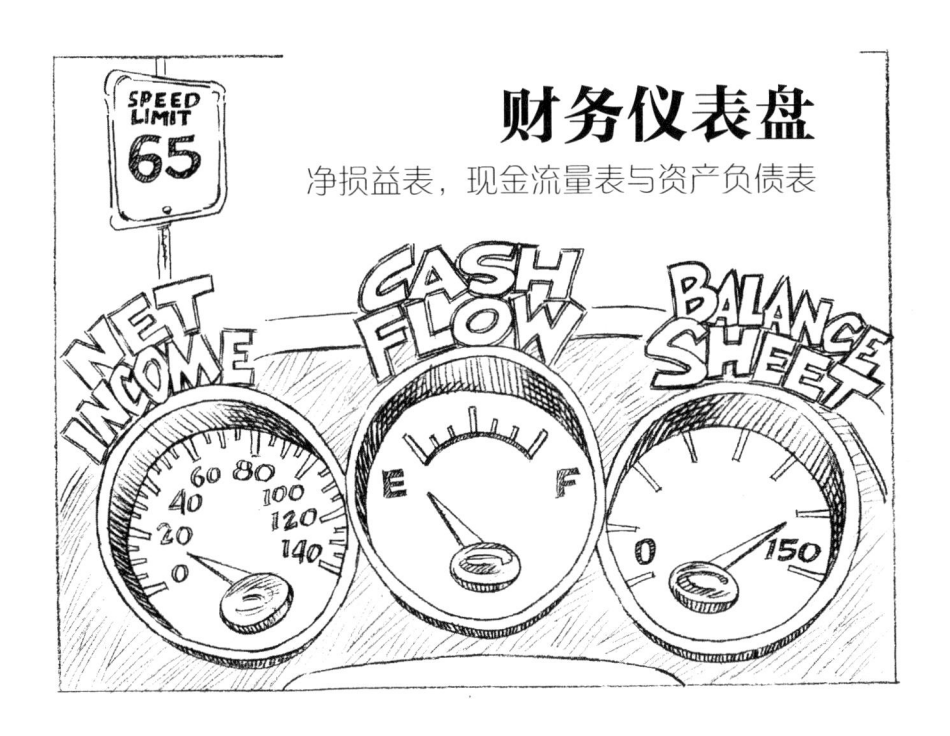

财务仪表盘

净损益表，现金流量表与资产负债表

毋庸置疑，会计是一门庞大而复杂的课题。因而，许多小企业经营者打算把与数字相关的任何东西都移交给"数字专家"——注册会计师、记账员、银行家与税务律师，也就不足为奇了。或许，你可以对号入座。倘若公认会计准则、税收立法、借方和贷方以及纳税申报表等术语已然把你逼疯了的话，不用担心。首先，你并不是孤军奋战。其次，这本书也不打算介绍这些内容。它只不过使你直面一个你无法否定的事实：如果你想要成功地管理一家企业，你必须精通某些数字的运算。简而言之，你必须能够读懂你的财务仪表盘。

想一想汽车里的仪表盘。上面有车速表、油量表与机油压力表。这些仪表是用来测量汽车行驶时的各项指标。

它们向你提供了一些关键信息。譬如你的速度有多快、你的油箱还剩下多少汽油以及发动机的状态怎样。如果其中一个仪表无法运行，或者你根本看不懂这些数据的话，那么很快你就会收到一张"牛肉干"（交通违章罚款单），也可能遭遇汽车抛锚，甚至发生交通意外。

同样，你的**财务仪表盘**上也有这么三个仪表——净损益表、现金流量表和资产负债表，你需要读懂它们才能经营好你的企业。这些报表测量了企业运营时的各种指标。它们也向你提供了一些关键信息，譬如，你的企业赚取了多少利润，你在银行还有多少现金以供生意上的运作，以及在某个时间点上企业的整体健康状态。这些信息使你能够及时地作出明智的决策，让你的企业如同保养良好的车子一样劲力十足。而你知道吗？记账员不会替你做这些决策。他仅仅确保把准确的商业交易记录及时递交给你的注册会计师。你的注册会计师也不打算做那些决策。他只是做一些税务准备工作，确保你不会受到审查。

虽然，你的"数字专家"们十分出色地完成了他们的工作，但是你还是完全有可能让公司陷入财务危机。你可能把钱花在错误的事物上。作为企业经营者，你可能签下一大笔借款，这能够让你的公司迅速陷入困境，而你对此一无所知。你是唯一发号施令的人。因此，如果你看不懂财务仪表盘，就如同蒙上眼睛开车一样。

令人遗憾的是，美国小型企业管理局的数据表明，超过85%的小企业经营者确实是这么做的。难怪其中40%的小企业仅支撑了4年就生存不下去了。如果你听说过这个统计数据，那么大概也可以作出这个推论吧：这一切必然是缺乏启动资金或没有行之有效的产品与服务所致。情况并非如此。事实上，企业拥有大量可用的现金和足够广阔的市场，找到忠诚的新客户完全不在话下。多数小企业是由于经营管理不善才倒闭的。如果你希望你的企业远离破产，并抵达那个最重要的目的地——持续盈利和资金充足，那么你需要上一上操控那辆车所必需的基础驾驶课，就是能让你所经营的产品或服务盈利的那辆车。你必须熟练掌握财务仪表盘上显示的关于你公司的任何信息。

令人鼓舞的是，你完全有能力成为这方面的专家。我凭什么这么肯定呢？因为我曾经成功培训过成百上千个小企业经营者，其中不乏数字恐惧症患者。我教给他们的东西，也即将教给你。我亲眼见识他们轻而易举地搞清楚这些概念，并且经常恍然大悟地叫道"啊哈"，随后立即知道哪些是风险，哪些才是机会，因为他们最终明白该如何对净损益表、现金流量表和资产负债表上的数字作出回应。

这一章节的宗旨是让你除了"破产"与"富翁"之外，还能认识更多的财经词汇。如果你是众多小企业经营者中的一员，也许熟悉一些词汇，但却根本无法掌握它们的意思以及现实含义。这就像沿着公路行驶却看不懂路标一样。你必须掌握几个层面的知识，才能看懂路边标着65的标示牌。首先，你得明白，这是一种速度限制，应该确保时速表上的指针不超过65。其次，你还得了解这个标志意味着：倘若超速了，将会有收到超速罚单之虞。如果频繁犯规的话，甚至可能被吊销驾照。

财务报表上的数字就如同限速标志一样。这个标志不需要传递所有信息——你知道它的意思，尤其收到过超速罚单，那么你便会对它刻骨铭心了。标志牌虽小，但意义非凡。财务仪表盘上那些数字也大致如此。对你而言，由于需要做出相应的日常经营决策，所以了解报表上数字的细微差别并进行必要的校准是不可或缺的。

那么，让我们开始学习相关的术语吧。首先，扼要概述一下这三个财务报表，包括它们的评估目标，随后简单介绍这些评估工具给公司管理带来的一些影响。让我们从时速表——净损益表开始吧。

净损益表

净损益表，也被称为"收益表""损益表"与"利润表"，它揭示了一个企业是盈利呢，还是仅收支平衡，或出现了亏损。如果你对此一无所知，不必害臊，因为很多小企业管理者都不知道。一个经营着几家儿童沙龙的小老板参加了我的讲座。我告诉她，所有这些术语讲的是同样的事情，她跳起来嚷道："你在开玩笑吧？难道这些年来我的会计师一直在谈论的就是这个？"

会计师可能会把"净损益表"称作"损益表"，通常会去掉限定词"净"，因为它是隐含的，他们认为这是不言而喻的。现在你知道了吧，同样，术语"净收入"和"收入"也可互换使用。有时，你也可能会看到使用"收入"或收入的复数形式来描述净销售总额，这都是同样的道理。

此外，当你看到限定词**"毛"**——如毛利润、毛收益或毛收入，意味着所看到的那些数字是**尚未扣除**掉开支或折扣的。无论什么时候看到限定词**"净"**——如净收入、净支出或净收益，则意味着你看到的那些数字已经扣除了特定的开支。一旦有了这些简单知识武装自己，你就已经可以在芸芸众生中脱颖而出，遥遥领先了。

以下是小企业管理者关注的核心问题，而这些都能在净损益表中找到答案：

- 我们公司是否赚到了钱？
- 我们的产品和服务是否销售对路？
- 我们给自己的产品和服务的定价是否合理？是否可以让我们在保证利润的前提下，还具备足够的竞争力？
- 我们的毛利率是否能维持公司的正常营运？
- 我们知道什么是真实的直接成本吗？
- 我们如何得知我们的营销努力没有白费？
- 我们是否拥有恰当的客户组合？
- 如何做才能够事半功倍，让我们的利润翻一番？

净损益表显示了你的公司是盈利还是收支相抵，抑或出现了亏损。如果账本上的末行数字是正数，那么恭喜你，你赚钱了。如果那个数字是零的话，则表示不盈不亏。要是负数呢，那是赔钱的意思。从净收入中扣掉所有的直接与间接费用之后，剩下的就是经营业绩，即末行上的那个数字。该数字是企业能否运营下去的理由，也就是净利润。

为什么你应该关心你的公司是否有利润呢？因为经营一家小企业需要承担很大的风险。它让你牺牲掉了许多时间，并为此投入巨大精力。我不知道你会怎么做，但如果我一天工作12小时来维持公司运营，而净损益表上没有显示丁点儿利润的话，我的心情会很糟糕。一些小企业连续好几个月都赚不到什么钱，其他小企业则顶着千斤重担，想方设法地支撑了数十年。坦率地讲，超过40%的小企业无法支撑到第4年也不是什么稀奇事了。不可思议的是，60%的小公司做到了。如果没有可持续增长的利润，（至少短期内）小企业还是能够运转下去的，但最终结果还是不容乐观。

在下一章中，我们将详细探讨净损益表。这样可以让你了解影响账本上盈亏数字的每个要素。从此一旦看到利润被侵蚀，你就懂得该在什么地方开始修补和调整。以下部分是我们将讨论的一些主要内容（我们会进一步探讨更多内容，不用担心！）：

- 定价策略。价格直接影响当前以及将来的盈亏状况。你的企业对人才、产品或服务如何定价将影响到掏腰包顾客的数量。我会教你如何定价以及如何抓住变更价格的时机。

- 多样化的客户群。客户在你这儿花了钱就是在给企业提供流动资金，这样的客户等同于投资组合中的一家公司。如同合理的投资组合一样，合理的客户组合中包含许多客户，但没有一个客户占据公司净收入的15%以上，这样的组合可以保证企业不会因为某一个客户而陷入困境。小企业经营者必须学会把潜在客户定为目标，并且管理好现有客户，这样任何客户都无法把公司的大部分收入置于险地。

- 毛利率（产品与客户）。大多数小企业经营者并不知道，让企业正常运转并非依靠收入而是依靠**毛利率**，它是用于支付经营费用的有效毛利润。弄清楚毛利率是怎么回事对你在小企业中发挥的作用至关重要。如果你还不懂这一点的话，可能把事实上一直在赔钱，应该丢弃的产品或服务保留下来。你还可能保留那些仅购买利润最低的产品或服务的客户，因为当他们掏腰包的时候你根本不知道该怎么办，而他们耗费了企业的资金。你甚至可能在付账方面存在问题，并且对此无计可施。大多数小企业老板试图通过提高销售量来解决这个问题，但却落得让企业陷入更深财务危机的局面。你将学习如何进行产品与客户的战略性调整，这样就可以避开此类陷阱。

- 固定支出与可变支出。就像收入一样，所有开支都并非均等。你不仅仅要了解这种差异性，还要学会能够随着企业成长有效降低管理开支的简单策略。
- 营销成本与投资回报。小企业老板在那些构思拙劣的营销方案上浪费了上百万美元，以此祈望有些东西会永垂不朽。然而这种"撒网并祈祷"的战略压根行不通。在一次小企业管理者的会议上，一位广告商试图向我兜售一个非常昂贵的营销方案，他首先询问我的营销预算。我回答，这是一个无关紧要（毫无关联）的问题，你应该问的是我的客户的数量与类型、不同时间框架内的客户分布状况，以及怎样才能达到目标。只有这样，我们才能理性地探讨如何战略性地构建营销计划，以及如何获得与衡量我的投资回报。在今后的章节中，你将学习看懂企业营销如何严重影响着账本，这样你就能保护公司的利润并让其增长起来。

正如你所发现的，增加企业利润的方法很多，其中一些实施起来比你想象的更简捷。这些方法已经使数百家企业扭亏为盈。一旦运用了这本书中的策略，不仅会提升企业短期内的盈利能力，还可以根据目前所采取的措施而预测长期的利润走向。你将作出更棒的经营决策，你还会在危机来袭之前更快地修正航向。若周围市场动荡不安，比起竞争对手，你具有更强的适应力。这是小企业实现长期发展的最大关键。

正如我所说的，净损益表就像是汽车上的时速表。对于这种测量仪，你得经常进行检查——至少每月检查一次，以确保它维持健康的态势。它让你随时都能了解利润增加或减少的状况。请记住，因为销售具有季节性的特点，所以利润每个月都会有所波动。真正的挑战是预测出那些利润时高时低的月份，那样公司能未雨绸缪，并继续运营下去。

不过，净损益表——你的时速表——是不会告诉你，汽车在下一次加油之前还能走多远。那么，现在让我们来聊聊那个油量表——现金流量表。

现金流量表

除非你想半路抛锚，否则最好时刻盯着油量表上的指针。指针的变动范围在F与E之间——F代表满，E代表空。想一想，如果油量表的指针接近E的话，它是不会要求你加油的。拿主意的是你自己，你是要解决问题呢，还是承担可能出现的一切后果。同时，你的汽车加满一箱油时能跑多远的距离，也得由你来搞清楚。例如，倘若你有一辆八缸、400马力的SUV（运动型多用途汽车），那么你就得知道，你的车烧起油来就像大学新

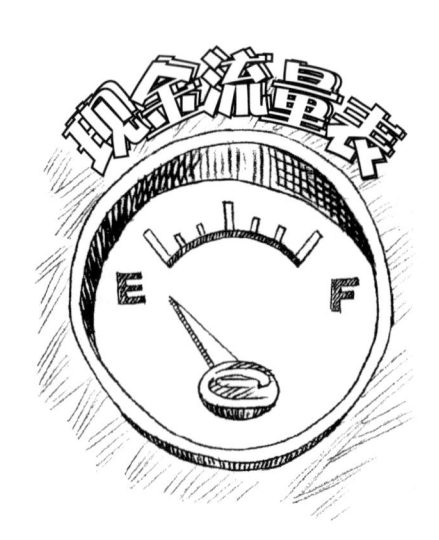

生狂饮啤酒一样。

现金之于企业如同汽油之于汽车。不同的企业就像是不同的汽车，以不同的速度烧钱（消耗资金）。但是你需要进行测量而非凭靠猜测。猜测只会让你在高速公路上驶向破产。资金耗尽了，游戏也就结束了。

现金流量表，顾名思义就是衡量企业现金出入的流动状况的表格。这个油表就像你的个人支票。（人们只能希望）在月初以正现金余额开始，从客户付款、投资或贷款中获取现金。然后现金从支付账单与工资中流出去。结转期末余额后，在随后一个月重新开始又一轮循环周期。

对小企业来说，总共有三种主要的现金来源，并且它们都不是均等的。你可以从以下渠道得到现金，分别是：营业收入、银行贷款（必须偿还）以及投资商。来自经营活动的现金是你的优质燃料，这是以高价向客户销售产品或服务并且得到它们的报酬而直接产生的现金，它没有附带的利息成本，你不必还钱，也不必给饥饿的投资商投食，这是你应得的。这些现金是属于公司的，由所有者和管理者进行他们认为合适的分配。在或坚挺或疲软的整个经济环境中销售产品和服务会产生相关的各种风险，企业应当因此得到相应的补偿。

即使如此，还有几个因素会影响那些极其优质的燃料能否在汽油耗尽之前进入企业的油箱。倘若你想要在运营中建立并维持健康的现金流，以下几个方面是你必须要学会的：

- **发票策略**。大多数小企业管理者认为应尽量在发票上为客户提供便利，但发票可以是客户关系的建立者也可以是破坏者。这也是现金流最大化的关键使命。如果你的定价已经尽善尽美了，并且销售额蒸蒸日上，但客户的付款速度不够迅速，那么你将会陷入困境。在并不活跃的市场中，收到货款的时间通常会比较长，尤其是与那些先拿货后付款的公司打交道的时候。在第5章中，我会介绍几个富有创意的简单方法，告诉你如何依凭发票收款，并且建立良好而长久的客户关系。这将对你在月初与月底有多少可投资生意的资金产生巨大影响。它会提升你的付账能力，即使收入减少也没关系，而且使你不容易受到外部现金来源提供者的侵害——他们极少制订对你有利的条款。

- 收款策略。当你管理一家企业时，无论你喜欢还是不喜欢，你都是一名收款员。通常，向赖账客户讨要欠款就像看牙医一样令人不适。不应在账单到期时催促客户，而应当事先就通过各种方式与客户沟通，这样才能加强长期的客户关系。大多数小企业经营者对于如何更有成效地做到这一点，以及倘若做不到有什么后果都一无所知。在第5章、第6章和第10章中，你将会学习到完善策略的几种方法，从而使资金流转通畅，并且把危害降到微乎其微。

- 信用扩展。小企业管理者对客户的信任程度怎样呢？一旦签订了采购合同，他们是那么欣喜若狂，以至于压根没有意识到自己刚才的所作所为已然把王国的钥匙移交给了客户。第6章将有助于你游刃有余地提供赊销并掌控业绩下滑风险——是的，相信我，还有业绩下滑风险。

- 与供应商打交道。供应商是基于小企业价值链的重要组成部分，尤其是当他们提供的产品或服务至关重要的时候。倘若你的小公司在供应商收入中只是占据了很小一部分，那么你将会面临被当成毒菌的风险。（或许我夸大其词了，不过你可能会发现自己成了讨人嫌的麻烦被排挤到后面。）在第6章中，你将会学习到如何与客户调整好支付期望值，以及如何与供应商谈妥有利的付款条件。

- 与银行打交道。你可能还没意识到，银行并不是你的朋友，虽然黄金时段的广告不是这么说的。当你提交贷款申请后，真相便浮出了水面。刹那之间，你发觉自己已经掉进了刘易斯·卡罗尔（Lewis Carroll）幻想中的兔子窝里。作为一名前银行家，我将从银行的角度给你讲讲这其中的猫腻，并指导你如何严格控制现金流中的借入资金。第8章将带你了解一个简单的分析，它能使任何小企业的银行往来关系大为改观。

在接下来的章节中，你将看到一些企业的现金流量表，它们就像你运营的企业（无论是销售产品还是销售服务）一样，看看它们是如何做出改进的。仔细端详仪表盘上的这个现金仪，用不了多久你就能成为足智多谋的诊断专家。几乎在一夜之间，你就能很快制订出简易的关键策略来提高你的运营现金流。

以下这些基本问题都能在现金流量表中找到答案：

- 在未来三个月里，我的企业是否具备足够的现金来支付账单？
- 哪些开支是我可以大大缩减的？对于企业而言，哪些开支是至关重要的？
- 在一年的淡季中，该如何规划现金需求？
- 申请赊账限额的最佳时机？如何管理它？

资产负债表

最后（但并非最不重要），让我们来讨论财务仪表盘上的油压表，即资产负债表。这个报表乍一看似乎不怎么有趣，但在银行家或贷款人眼里，它比穿着比基尼的美女还性感。如果你想要了解某家企业的资金实力和整体健康状况的话，那么学会读懂资产负债表就能很容易找到答案。资产负债表记录了公司自创立以来所发生的所有未偿还贷款、借款或债务，公司全部资产的价值，以及资产净值。资产可分为流动性资产（现金）与非流动性资产，以及不容易转换成现金的资产（建筑物）。还可分为有形资产（产品、设备等）与无形资产（品牌价值、商誉）。

你需要了解这些资产与债务，以及它们如何影响企业的资产净值。在资产负债表中显示了你的资产净值，这只不过是企业拥有的资产与负有的债务之间的差值。

（有时资产净值也被称为"所有者权益"，无论是一位所有者还是多位所有者。）这个数字可以是正数也可以是负数。或许你已经猜到了，净值为负数意味着你负有的债务远远多于你所拥有的资产。

基于以下两个原因，资产净值为正数是你所追求的目标。第一，如果你想要或需要向银行借钱的话，正净值会让你看起来更加有吸引力。在第8章中，我会以一个圈内人的视角跟你讲讲银行家会如何审核你的资产负债表。我还会告诉你，这些数字会影响你决定何时拿到贷款，以及如果不想发电机被油炸的话需要避免的贷款种类。第二，必要时，资产净值为正数使企业随时可被出售。别担心，在这本书里，我不会探讨如何卖掉公司来让你平添烦扰。但是，你需要为这种可能性做好准备，这也就意味着需要保持记录企业的资产净值以及具有哪些可转让资产。而大部分信息都出现在资产负债表上。

你可以采用两种基本方式来使资产净值趋近正数——提高资产价值与减少担负债务。在这儿，有时经济会带来巨大的帮助。如果你在1990年买了一幢房子并保留至今，作为资产的房子仅仅因为需求旺盛而价值上涨。除了维护这幢建筑物，你无须做任何事情，资产价值就会上升，从而增加了资产净值。减少债务就是确保随着企业不断壮大，借款的数目不会超过所需金额。一个有点儿负债的家庭依然能把日子过得有声有色，同样地，一家负有一些债务的公司也可以兴旺发达。当然，这也可能是踏上一条不归路——倘若债台高筑以致无法偿还的话，游戏就将结束。

令人遗憾的是，许多小企业经营者反其道而行之，降低资产价值，增加负债，甚至对此还浑然不知。在第7章中，绝顶聪明的经营者好心地找出极富创意的方法来减少资产价值，并使自己负债累累，最终一生辛劳灰飞烟灭。类似的例子不胜枚举。我会告诉你到底该如何避免这种厄运。

以下是你翻看资产负债表时可能会想要提出的一些问题：

- 企业是否背负太多债务？
- 眼前的债务能否得到可观的回报？
- 企业负有的债务是否合适？
- 资产价值增长抑或萎缩是否与负债有关？
- 企业具备多少营运资金？
- 企业的库存是过多还是过少？

希望关于财务仪表盘的这篇介绍能够使你对净损益表、现金流量表与资产负债表略知端倪，并值得你花费时间让自己对其驾轻就熟、游刃有余。在第9章中，我会综合使用以上知识来阐释各个表之间是如何相互联系的。你也将看到，企业经营者在审查完这三个表之后，都有能力作出更好的决策，从而增加利润空间，使现金流更充足，并提高资产净值。在第10章中，我采访了著名企业家诺曼·布罗茨基（Norman Brodsky），他就如何运营一家更成功的小企业，跟我们分享了极具价值的建议。

我很清楚，你和其他小企业经营者一样分身乏术。但我也知道，阅读这本书将是你的最佳时间投资之一。帮自己和周围这个世界一个忙，拒绝加入到其他成千上万才华横溢的创新型人才中，他们具备优秀的理

念、服务与产品，但最终会撞车或抛锚，掉进"商界"的沟渠里。这本书将会深入浅出地阐明可应用于当今提高利润、现金流和资产净值的基本原则。

关键点

> 财务仪表盘由三个主要报表组成，即净损益表、现金流量表与资产负债表，足以反映企业的健康状况。

> 净损益表显示了企业是盈利还是不赚不赔，抑或出现亏损。经

营者应当在每月记账员或会计师对账之后审核这三份报表。它们会告诉你企业在当月的运营状况。

> 由于各种产品和各类服务存在季节性变化，因而会出现利润逐月波动的现象。应尽力保证每个季度的利润都是正数。

> 现金流量表是用来测量在运营中流进与流出的现金量。你可以从这份报表中了解到企业能否应付下个月或下季度的开支。这份报表也显示了在没有额外资金来源的情况下企业能支撑多久。我所见过最成功的小企业经营者都有每周查看现金流量表的习惯。企业的现金流至关重要。

> 资产负债表记录了公司自创立以来的全部经营业绩。它简要说明了在某个时间段里企业的健康状况。资产（企业所拥有）减去债务（企业所负担）即是公司的所有者权益——资产净值。

> 提高资产价值，并减少债务，意味着资产净值正在增加。这应当是你的目标之一吧。

第 2 章

净损益表
利润增长的关键点

正如你在第1章中所看到的，财务仪表盘回答的第一个问题就是：企业是否赚钱了？这个亟待解决的问题的答案就在净损益表中。

净损益表的概述分析如下：

- **净收入**（这是销售额减去所有折扣后所得；这笔金额归公司所有。）
- 减：**销货成本**（这些是直接产品成本与直接服务成本。）
- **毛利**（这是减去运营费用之前的利润。）
- 减：**固定费用**（诸如租金之类的费用）
- 减：**变动费用**（诸如营销之类的费用）
- **税前利润（EBT）**
- 减：**税金**（不要忘记缴税！）
- **纯收益**（这就是企业盈亏底线。这个数字显示了企业盈利与否，以及利润的大小。）

因此，再次说明：纯收入减去销货成本（COGS）等于毛利；毛利减去各项费用（固定与变动）等于税前利润（EBT）；税前利润减去税金等于纯收益；虽然这看起来非常简单，却需要在实践中千锤百炼才能领会。这本书最重要的目标就是把这些道理深入浅出地告诉你，让你很容易就能掌握。

净损益表上的行项目

为了帮助大家个性化体验如何读懂净损益表，我将把你代入我自己企业的"模拟器"。恭喜！你现在是一家名叫Bedazzled公司的经营者，它非常有创造性。Bedazzled是我第一家小企业的名字，当时我还非常年轻，乳臭未干、幼稚无知，跟大多数小企业主一样，根本不知道该如何读懂净损益表！在这本书中，随处可见我年轻时的糗事——噢，青春啊，你去哪里了？但愿我犯下的错误能让你在做决策时有所启发。

那么，作为Bedazzled的新任经营者，你做了些什么呢？你制造了无比美妙的T恤衫，并大批大批地销售给高知名度的零售商和专卖店。让我们审核一下净损益表上的项目，来看看Bedazzled的净收入怎么样。

净收入

你可能听你的注册会计师或某个财经人员提起过"顶行"。他们谈论的是净损益表上的第一行数据。顶行就是你的**净收入**。当月销售额减去你提供给客户的所有折扣就是净收入。对于我们而言，这个数字等同于净销售额。每当收到付款或给客户开了发票，净收入便随着直线上升。有钱进账是件美好的事儿。（对于纯粹主义者来说，我承认企业还有诸如利息收益等其他收入，但我们尽量简单化，假设净收入与净销售额是同一码事。）

Bedazzled公司的净收入计算起来相当简单。把已售出T恤衫的数量与每件T恤衫的单价相乘即可得出净收入。简略表达如下：

（#已售出T恤衫）×（单价）=净收入

因此，如果一件T恤衫的售价是$10.00，那么卖出一件T恤衫净收入为$10.00。如果卖出1 000件T恤衫，每件的售价是$10.00，那么净收入为$10 000。这非常简单易懂。如果有10个客人购买不同数量的T恤衫，你的任务是准确计算出总收入，那么只需要把每一笔交易的金额叠加起来，就能得到当月的总净收入。当然，电脑可以帮助你进行计算。企业中的任何人，无论是股东还是经理，抑或记账员，只需要输入每笔交易的销售数据，并减除所有折扣，就能算出净收入。

倘若你的产品种类繁多，不同的T恤衫价格不同，应该怎么办呢？举例来说，你推销的T恤衫有两款不同设计，蝴蝶图案的售价为$12.00，贝壳图案的售价为$15.00。让我们对两个客人的两张订单进行比较：

- 客户A购买20件T恤衫：10件蝴蝶图案和10件贝壳图案。客户A产生的总收入是多少呢？

    10件蝴蝶图案 × $12.00 = $120

    10件贝壳图案 × $15.00 = $150

客户A产生的总收入＝$270

- 客户B购买20件贝壳图案的T恤衫。客户B产生的总收入是多少呢？

20件贝壳图案 × $15.00 ＝ $300

客户B产生的总收入＝$300

啊哈！虽然购买了相同数量的T恤衫，但精确地说，客户B带来的收入多$30.00。为什么呢？因为每件贝壳图案的T恤衫比蝴蝶图案的T恤衫更贵一点。把两个客户对净收入的影响相比较，显而易见，比起客户A，客户B对顶行（净收入）的贡献更多。

尽管如此，但可别被这现象忽悠了。虽然客户B为购买T恤衫所支付的金额更大，但你还是不清楚客户B是否比客户A更有利可图。我们仅有收入或销售信息，我们还尚未计算出每笔交易的销售成本。这个例子说明了一个强而有力的事实：某个客户的购买金额大于另一个客户，并不意味着该客户给企业带来更多的利润。（我们将更深入地研究这种情形可能引起的后果。）因为T恤衫的制造成本不一样，所以更大的销售订单并不一定意味着更大的利润。

从每张订单的净收入中扣除掉制作衬衫的直接成本，就能清清楚楚地知道每笔交易的利润状况，以及每个客户的"利"度有多大。净损益表上的下一行，名为"销货成本"，将有助于确定哪款T恤衫给企业带来最大毛利润（也称为"毛利"）。根据客户所购买T恤衫的款式，你就可以知道哪个客户让你最赚钱。

销货成本

销货成本（COGS）是指在产品的制造过程中所使用的直接材料成本

与直接人工成本的总和。就T恤衫来说，直接材料包括譬如面料、纱与线等物品。直接人工成本包括筛选设计、剪裁以及制作成本。这些就是直接成本，因为那是制造待售的成品所需的费用。销货成本被认为是直接变动成本，因为它随着出售的单位数目不同而变化。企业销售的各种商品的直接成本都不尽相同。例如，贝壳图案T恤衫丝印的图案面积恰巧是蝴蝶图案T恤衫的两倍，这就使它们的制作成本更昂贵。这意味着每件贝壳图案T恤衫的价格比蝴蝶图案T恤衫更高。

  了解公司所销售每种产品的**单位成本**绝对是至关重要的。这是制造可售产品所需的材料直接成本与人工直接成本之和，无论该产品是否已出售。单位成本等同于已出售和已出库的商品的销货成本。单位成本也被用来测量**库存**的价值，即已经制造完成但尚未出售产品的价值。产品的单位成本可能随诸如原料成本或人工成本等外部因素的波动而波动。一旦产品已经出售了，该笔交易将被作为净收入记录下来，而单位成本反映在净损益表中的销货成本上。如果产品已经生产出来了，但没有卖出去，则被认为是库存，并在资产负债表中记录它的生产成本，我们将在第7章中进行详细介绍。如果你对每个产品的单位成本还不清楚的话，就让会计师或记账员为你计算出这个数字。

  了解单位成本是十分必要的，因为这是在解决产品的定价问题时需要考虑的重要因素之一。（其他因素包括竞争与运营费用，我们将在第3章中详细讲解这些内容。）

  要让一个产品有利润可言的话，价格必须比单位成本高出许多。例如，倘若贝壳图案T恤衫的销货成本是$15.00，而你的定价是$5.00，那么卖出去的每件T恤衫将亏损$10.00。如果这些T恤衫真的这样销售，那么你的公司将会比联邦政府消耗年度预算的速度还快地消耗掉积蓄！如果单位成本过高或销售价格过低的话，卖得更多并不会带来更多利润——事实上还会导致亏损。

你可能会问："哪个脑子正常的人会把东西卖得比制造成本还低呀？"为了说明这个观点，举出的例子是夸张了点，但事实上，确实这么做的商人远远超乎你想象。没有多少小企业经营者了解真实情况——他们所销售产品的总成本究竟是多少，因而他们基于错误的假设来对产品进行定价。同样，服务行业的那些经营者往往没有精确计算他们的成本，尤其是时间成本。如果不知道总直接成本，设定价格便成了昂贵的猜测。

根据我的经验，低定价是无可奈何的事情。在绝望中寻找新客户的其他企业经营者，通过把销售价格降低到成本价以下来吸引购买者。只要问问那些利用诸如Groupon（译者注：一家团购网站）之类的深度折扣经销商来寻找新客源的人们就知道了。几乎所有企业都在这些促销活动中亏大钱了。而他们找到的这些顾客并不忠诚，也鲜少会以全价再次购买。企业们在广告费以及销售上都赔了钱。

现今，一些企业有时可能真的需要给产品定一个低于成本的价格。如果企业销售的产品是易腐品、过季品，或技术上迅速过时的货物，那么为了募集资金从而大幅度打折出售库存还是有些意义的。除非企业销售的是稀有的钻石或贵重的古董，否则随着时间的推移，库存价值必将下跌，直到变得一文不值。能换来几毛钱总比一无所获要好吧。不过，这应当是一种例外，而绝非惯例。通常做法是在销货成本上再加价45%来销售产品，使其值得冒险供货。这也有助于保证能够从每笔生意中得到足够的毛利率以便支付企业的运营开支。例如：如果销货成本为每单位

$5.00，我们的加价幅度是$5.00的45%，即$2.25，这样我们就可以轻而易举地得出每单位的最低售价。

（$5.00 每单位销货成本）+（$2.25）＝最低售价$7.25

我们的目标是创建一家能赚得盆满钵盈的企业，而不是为了维持让你开慈善机构的昂贵爱好，所以必须确保在成本基础上的加价足以让企业能够发展下去。

那么，当产品的定价并没有充分涵盖生产成本时，我们需要制定什么样的管理决策呢？以下是能够使企业恢复盈利能力的三种途径：

1. 提高单价，但前提是客户愿意为它买单。
2. 通过重新设计产品来降低**销货成本**。
3. 如果售价无法高到足以涵盖销货成本加上45%的加价，请把**产品下架**。

如果可以在保持销售额的同时，既提高单价，又降低销货成本，那真是中大奖了！稳固的整合性营销策略有办法做到这一点。只要记住，如果以接近成本价的售价来促销产品，从而达到提高销售额的目的，那企业将陷入更严重的财务危机中。千万不要掉入所有买卖都亏本，却试图在销量上得到弥补这种陷阱。同样，也不要紧紧依附于那些无法带来足够毛利的产品。

出售的每一种产品或服务必须在生产成本或交付成本的基础上至少

加价45%。不需要考虑那些大家想要但不愿意买单的产品或服务，或者你自己喜欢但客户不会购买的产品。它们会扼杀企业的潜在利润。

毛利润

好了，我们已经详细讨论了净损益表上前两行的内容。你对于如何生成与计算净收入有了大致的了解。你也知道了销货成本是什么，以及它是如何在单价的确定上提供帮助。显而易见，如果你的目标是净收益或盈亏底线的数字大于0的话，那么所定的价格必须比销货成本高出至少45%，这样你的企业才能盈利。我们从净收入中扣除掉销货成本就剩下毛利润，而非净收益。为什么呢？因为毛利润并没有考虑到运营企业的所有费用。"毛利润"也被称为"贡献毛利"，或仅简称"毛利"。只要记住，"毛利润""贡献毛利"和"毛利"指的都是同一样东西，即，从净收入中扣除掉销货成本（单位成本）之后剩下的加价。那就是前面所讨论的大于单位成本45%的加价。尽管，不同行业可能会略有不同，但是毛利率的最低预期回报率应等于或大于净收入的30%。倘若你的毛利率小于净收入的30%，公司可能会陷入困境。

净损益表是测量毛利润的唯一报表，而你了解毛利润这个数字是件至关重要的事。为什么呢？企业是依靠毛利润而非净收入来运转的。毛利润被用来支付所有运营费用或间接费用，以维持企业的蓬勃发展。这些费用一般包括（但不限于）租金、保险、薪资（包括你自己的薪资噢！）、一般管理费、专业服务费（会计师和律师），还有不容忽视的城市税、州税和联邦税。

举个例子来说，每件贝壳图案T恤衫的制作成本是$5.00。如果每件衣服的售价是$15.00，那么每卖出一件T恤衫可以赚取多少毛利？

$$\$15.00（单价）-\$5.00（每单位销货成本）$$
$$=\$10.00（每单位毛利率）$$

这意味着每卖出一件T恤衫，企业获取$10.00来帮助支付所有运营费用。如果在成本结构相同的前提下，以同样的定价卖出1 000件T恤衫，那么企业将得到$10 000的毛利润：

$$1\,000（单位）\times \$10.00（每单位毛利润）$$
$$=\$10\,000（毛利润）$$

现在我们已经有了一点儿小钱来经营公司了。事实上，那不是个小数目。我承认，这些都是非常不错的数字。（Bedazzled的T恤衫的设计是受到版权保护的，因而以高价卖断货只不过小菜一碟。）碰巧的是，可观的毛利润使你遥遥领先于一些公司，包括几家大企业。

就拿臭名昭著的雪佛兰伏特（Chevy Volt）来说吧。通用汽车公司（General Motors）耗费$79 000来制造他们推出的每辆伏特汽车。那可怕的数字还不包括设计与开发汽车的工程成本，而仅仅是制造汽车的直接成本。雪佛兰为伏特汽车设定的零售价为$49 000，试图与同档次的其他品牌电动汽车一争高下，这意味着每售出一辆伏特汽车就产生了$30 000的负毛利。

像通用汽车公司一样以几乎真实成本价的一半的价格来销售产品，

这种愚蠢的举动你一定不要做。事实上，政府应该勒令通用汽车公司停产，因为就算是暂时关闭工厂，让工人闲着没事干但照发全额工资都能少亏点，而且还节省了直接材料费。虽然有些产品并非始终以盈利为目的，但我相信你已经明白了。

除了非常严重的负毛利润之外，雪佛兰还有另一个大问题。伏特汽车的零售价是$49 000，甚至还没有使用其竞争对手丰田（Toyota）汽车的那款太阳能系统，而丰田汽车的售价仅$29 000。因此，不仅通用汽车公司可能支撑不了自己制造汽车的销售，而且，客户因为知道伏特打败其竞争对手是指望不上了，所以也不会购买这款汽车。总之，这是一款毫无生机、前途黯淡的产品。这个故事告诉我们什么呢？产品的单价必须囊括销货成本（COGS）加上45%的加价，并且零售价还得能够与目前市场上那些极具吸引力的竞品一较高低。

即便是大公司也会有朝一日铸成大错。现在你知道在汽车业，负毛利率看起来像什么了。

跟着我念：所有产品或服务的毛利润均必须至少不低于净收入的30%，或者销货成本的45%以上。

有两种方式可以找到毛利润：使用每单位净收入作为参考；或使用每单位销货成本作为参考。我比较喜欢使用COGS方法作为获得毛利润的首选，即在真实成本的基础上再加上你的加价进行销售。如果你觉得这会迫使你定一个超过市场承受能力的价格，那么你就必须重新审视整个经营流程，找到能够更好地搞清楚如何在不牺牲质量（这可能伤害你的品牌），或者提高产品价值或服务价值的前提下进行各种改进，务必让潜在客户感觉物有所值。

使用净收入来确定最大销货成本和最小毛利率

假设每件蝴蝶图案T恤衫的售价是$12.00，那就是说每件T恤衫的净收入是$12.00。毛利率的目标是$12.00的30%，即每件T恤衫获利$3.60。这意味着每件T恤衫的销货成本不可以超过$8.40。

换另外一种解释方式就是：如果目标是30%的毛利率，那么销货成本不能高于销售价格（净收入）的70%。

使用销货成本来确定销售价格与最小毛利率

Bedazzled T恤衫第一季度的销货成本表现非常出色，每件T恤衫是$15.00，在此基础上加价45%，为了保住30%的毛利率，我们必须把T恤衫的售价定为$21.75。我们主要向几家高档精品零售店供货，但数量并不多。到了第二个季度，为了降低销货成本，我们选择了简化设计。我们采用了效果同样漂亮的丝网印刷，但在设计上大大简单化了。我们削减了一半的丝印成本，通过转换供应商降低70%的费用，销货成本下降至每件T恤衫不到$7.50。

如果已知的唯一信息是每件T恤衫的销货成本为$7.50，那么为了保住至少30%的毛利率，加上45%的加价得出每件衣服的最低销售价格。在Bedazzled的第二个销售季度中，因为我们设法大幅度减少了销货成本，所以我们T恤衫的最低售价是$10.875，事实上我们还将其调高至$11.00。那几乎是我们在第一季度中售出T恤衫的一半价格。最终，我们卖出了几万件T恤衫。

总之，无论你选择哪一种方式，T恤衫的售价不得低于销货成本的145%。这是能够给企业带来足够毛利率的唯一途径，也才能在支付运营成本（固定费用）、间接可变开销和税金之后还能有所盈利。

让我们再一次背诵我们的准则。跟着我念：所有产品或服务的毛利率均必须至少不低于净收入的30%或者销货成本的45%。

固定费用

净损益表的下一行是"固定费用"。**固定费用**不会随着销售量的波动而发生变化。无论是销售强劲还是疲软，抑或压根儿没有销量，都必须支付这些费用。顾名思义，不管卖出多少件T恤衫，这些费用都维持不变。租金是其中一项固定费用。试想一下，企业租用了某个地方，然后一个月过去了，销售业绩毫无起色，几乎惨淡经营。如果这时你打电话给房东，说："嗨，费雷德，整个二月份我们糟糕透顶了，简直是焦头烂额，所以，这个月可不可以不付房租？"嗯，猜猜看，房东会怎么做呢？

正如全国学者协会会长彼特·伍德博士（Dr. Peter Wood）所言，接下去"就像一个混合着芥末与荨麻的三明治"，房东并不在乎你的生意怎样，无论是财源广进还是门可罗雀都与他无关。他只想拿到他那份租金。即便那个月卖不出一件T恤衫，那也是你自己的问题。房租账单依然会如期而至。这就是固定费用。

在琢磨固定费用时，我们还能愉快地把每一项固定费用想象成缠绕在脖子上的套索，一旦净收入开始停滞不前，脖子上的套索就会收紧。这就是为什么我们的目标是尽可能长久地保持固定费用愈低愈好。固定费用越低，那么你的T恤衫成本中所需要承担的这些费用就越少。

一个我见过的最聪明，也最成功的小企业投资者给了我这样的告诚:"永远不要追逐固定制造费用。"他实际上是说,不要承担那些需要企业努力创造更高销售额来支付的固定费用。最优秀的经营者在市场上已经出现购买行为来支持他们的产品时才承担固定费用。让净收入和毛利率来驱动适当的固定费用水平,而非其他方式。这就是小型企业管理的"圣杯"。

变动费用

变动费用,净损益表上下一个费用类别,往往会根据销售量的波动而变化。而这就是为什么它们被称之为"变动"费用。但实际上这些都是间接可变费用(请记住,销货成本被认为是直接可变费用,因此,按照惯例,在净损益表上有属于自己单独的一行。)随着卖出的T恤衫越来越多,间接变动费用(销售佣金、营销费用等)往往会不断攀升。如果T恤衫的销量越来越少,那么变动费用也相应减少。

与固定费用相比,有些变动费用更加容易控制。如果当月的销售疲软,那么比起像租金或薪资等固定费用,通常我们可以更轻易、更快速地减少诸如广告费(营销费用)之类的变动费用。租赁契约通常是一份中长期承诺,即便净收入下降也难以终止,然而聘请社交媒体专家则通常是一种短期承诺,想要取消的话相当容易。直接的邮寄或电子邮件广告也属于变动费用,倘若收入下滑,可以将其削减。

值得一提的两个变动费用是:折旧与利息支出。你所经营的企业可能有也可能没有这些费用;我们只是了解一下它们的概念及其如何发挥作用。

折旧

倘若你购买了昂贵的资产，或有多年使用期限的资产，譬如一台设备，甚至一幢楼房，我们在国税局的朋友对如何把这些大额采购算作企业费用有所规定。一般来说，每年依据资产使用年限的时间表扣除一部分总费用，直至原始总成本被扣除完毕。这部分费用的确认被称为**折旧**，你会经常在净损益表上的预算条目中看到它。这并非现金费用，却是运营企业的真实成本。在某些时候，企业不得不翻新建筑物、更换破旧设备或计算机。

为什么我们需要这些折旧费来替代仅在购买当年的净损益表上显示总成本？因为你不会在一年内"耗尽"像电脑之类的资产，所以你不会在购买当年的净损益表上把电脑的全部成本作为开支勾销，它通常还有三年的使用期限。关于各类资产的折旧有一些常规方法，每年的折旧费可以相同也可以不同，可以显示为固定费用也可以显示为变动费用，这取决于会计师选定的折旧方法。因为折旧减少了税前利润，从而降低了公司应付的税款，所以它有助于缩减折旧发生年限里企业的所得税。年复一年，它都显示为固定费用，直至标的长期资产全部折旧完毕为止。少缴纳税款也有助于节约现金，当资金紧缺时，它就是一个非常有用的东西了。在第5章介绍现金流量表时，我们再对它进行深入探讨。会计师对以上内容了如指掌，而且应该还知道更多，不用为之焦虑。你只需知道，有折旧这么一回事，并且通常在计算利润与税金之前显示为固定费用或变动费用。下一次在净损益表的某条行项目中看到它就不会觉得陌生了。

利息支出

值得提及的另一个变动费用为利息支出。如果取得的贷款或信贷额度用于以企业名义进行的采购,那么所支付的短期债务(一年之内支付)的费用就是利息支出。在净损益表上,显示利息支出的行项目的名称——不管你信不信——叫"利息支出"。

比如按揭等长期债务的利息支出也应计算进月度净损益表之中(你可能觉得所支付的这些款项像固定费用,但千万不要被它迷惑了,你的会计师知道应该把它归算到哪个类目里,而这对税务局和你那些相当精明的投资者来说是非常重要的。)总而言之,短期与长期债务的利息支出均显示于净损益表上,并且将会减少运营收入和利润。我们将在第8章详细讨论如何以及何时承担债务。

税前利润

倘若从总毛利率中扣除掉固定费用和变动费用,就只剩下税前利润(Earnings Before Taxes,EBT)。政府做了税前与税后的区分,你也应该这么认为。税前利润并非真正的盈利。它们仅仅是你向山姆大叔(美国政府)以及企业所在州、市缴纳税金之前的经营收益。关于这个主题还有很多东西可讲,但现在,只要知道由税前利润来支付税金就行了。

没有什么比净损益表上的税项更能影响小企业赚取的利润额了。通常,40%~50%的收益被用来支付税金。因此,即使税金只是上升几个百分点,也会消灭掉你的许多利润(你可能已经知道了)。税金是净损益表上最后一个费用项，一般来说，它们是做生意的最高成本之一。

为了减少税金费用，小企业经营者经常试图尽量缩小税前利润。这在短期内是行得通的，不过，如果企业最终逃不过被易主的命运，那么较低的税前利润是不会让企业卖个好价钱的。倘若把企业卖掉是最终的目标，你务必要提前向会计师咨询这一点。有几种合法的途径可以用来计算折旧费，譬如，影响长期与短期的运营利润。这一切都取决于终局是什么。对于我来说，我想要的是获得投资回报。如果我在一家公司投入了多年的精力，那么到了最后，这些年的汗水和辛劳应该物有所值吧。

税金

我承诺，这本书不会谈论税收法规，也不会探讨一些无用的东西，你只需要了解一些基础知识。律师和会计师会为你过五关斩六将地完成各种细节。你只要知道，在美国的企业必须缴纳联邦税，可能还得缴纳州税，在某些情况下，也可能需要支付地方税或城市税。正如现在你所看到的，税率对盈亏数字的大小具有深远的影响。它是净收益之前最后一个费用项目。税率几乎比净损益表上其他任何行项目更加能决定净收益水平。你可能听到过这样的事情，有些公司譬如苹果公司（Apple Inc.）搬迁到了得克萨斯州的奥斯汀，而事实上每月有将近200家公司搬进佛罗里达州。据我所知，他们这么做的原因是那里的税率对企业更加有利。

净收益

好吧,让我们回顾一下。从净收入中扣除掉销货成本(直接变动费用)之后,剩下的就是总毛利率。然后我们减去固定费用、间接变动费用以及税金。最后得出这么一个数字:**净收益**,也被称为"净利润"或"盈亏底线"。这三个术语均指同一样东西。

企业无法在较长的时间内持续不亏不赚或一直亏损。如果企业为客户呈上高端的服务,提供富有创意的解决方案,并且为之承担风险,那么应该为此得到补偿。净收益大于零的关键点是让企业持续运转。为了企业能够生存下去,利润要求必须是首要事项。

因此,让我们瞧瞧Bedazzled公司是否产生大于0的净收益。这个月

企业卖出了 1 000 件 T 恤衫。每件 T 恤衫的售价为 $15.00。每件 T 恤衫的制作成本是 $5.00。这个月的固定费用为 $2 000，变动费用为 $3 000。税金是收入的 50%。如图 2-1 所示。这个月企业的获利是多少？请开始计算吧：

BEDAZZLED 月度净损益表

净收入	$15 000	100%
减：销货成本	($5 000)	33%
等于：毛利率	$10 000	67%
减：固定成本	($2 000)	13%
减：可变成本	($3 000)	20%
等于：税前利润	$5 000	34%
减：50% 税金	($2 500)	17%
净收益	$2 500	17%

图 2-1

哇！我们公司赚钱了。到这个月月底，账上的净收益高达 $2 500。如果净收益大于零，企业就是盈利的。

怎么盈利的呢？在右边紧邻净收益数字的 17% 代表着，净收入的 17% 就是净利润。这看起来似乎不是很多钱，对吧？嗯，其实没有那么糟糕。假设你在街角经营着一间小杂货店，底行的数字会更加像小数目。没错！一般来说，附近的杂货店收进一元钱也就赚取两毛钱而已，有时甚至更低。下一次采购食品时，细算下哪个朋友有动力开杂货店、进货、雇人，并且维持经营，这样我们就可以每天固定去那里购买咖啡、鸡蛋和牛奶了。

如果净收益小于0会怎么样？你猜对了。这意味着你亏本了。那是否意味着很快就会倒闭呢？这倒未必。你的企业还是会继续运转下去，但得经受一段难熬的时光。事实上，因为不同行业有不同的周期性涨落，所以几乎所有企业的利润都是逐月跌宕起伏的。如果你经营一间零售商店，销售旺季是假期前后的11月和12月。如果你经营一家海滨度假村，从12月至隔年2月是最赚钱的时候，那会儿雪候鸟已经受够了铲雪。如果你经营一家餐馆，星期六是最佳营业时间，因为那时候大多数顾客更愿意出来吃饭，因而星期六是高收入日。在净收入强劲的月份里，利润极可能大于零。随着净收入疲软，不管销售量是多还是少，像房租等固定费用始终存在。由于它们的拖累，当月利润数字可能小于零。

我们的目标是每一季度都始终显示盈利。企业捱得住一个月的入不敷出、节衣缩食，但我们得调整经营方式，并在季度末获得利润。否则，企业就有麻烦了。从长远来看，一家企业永远无法持续亏本或一直盈利。如果连续三个月以上利润都小于零，企业内的某些东西可能摇摇欲坠，需要快速修复。

记录每月的净收入与运营成本（间接变动费用）以确定问题所在是至关重要的举措。如果毛利率没有达到或超过净收入的30%，那么查看一下顾客购买什么样的产品，企业确定的价位怎么样，以及产品的成本是多少。如果毛利率还不错，但税前利润呈现下滑趋势，那么看一看固定费用和变动费用的开销有多少，并找出能降低这些费用的创新方式。询问同行的其他企业他们是如何管理这些费用的。了解公司的收入与支出模式也有助于为入不敷出的月份做准备，而不是被它们吓倒。探讨现金流量表的第5章将帮你做到这一点。

管理基准

如今，我们很清楚净损益表的概念，以及它所测量的内容。以下这些基准有助于更好地打理企业并使其朝着逐月盈利的方向发展。

首先，通常要求会计师或记账员每月在核对完当月所有销售与费用之后，把企业的净损益表打印出来。如同我们在这一章中所做的，逐行检查清楚，慢慢分解直到你觉得言之有理为止。不要害怕要求会计师或记账员对一些数字进行阐释（会计师也不一定是完美无瑕的，在这里我们并没有探讨所有可能的费用类型）。

一旦搞清楚了这些数字，现在我们来看看企业的趋势如何。回到图2-1，仔细看看右栏所显示的百分比。基于净收入来计算一切，因为这是初始点，所以显示为100%。

净收入永远是主要比率的参考点。此外，至关重要的是务必把毛利率控制在总净收入的30%以上，销货成本在净收入的70%以下。通常来说，固定费用应当控制在净收入的20%左右，可变成本也在差不多同一水平，具体则取决于你属于哪个行业以及企业的运营时间。

如果企业能够与一些基准接近吻合，那太了不起了。要知道，随着净收入上升，通常为了发展业务以服务更多客户，费用也会跟着提高。为了保持领先地位，关键是创造收入必须比支出费用更快。许多新企业，甚至是那些资金雄厚的企业，由于开支增长过快，最终在收入能够支付这些费用之前已经山穷水尽了。

在企业拥有会定期购买的稳定客户群之前尽可能地压低固定费用。在签署租赁场地的租约之前，坚持在地下室、车库或起居室办公，坚持的时间愈长愈好。(要知道，苹果公司就是在加利福尼亚州库比蒂诺的一个车库开始创业的)。

添加出售目录时，仅限于能带来30%毛利率的产品或服务，且要基于制造或交付产品的销货成本。供应的产品应当提高毛利率而非降低它。不可以试图在销量上寻求补偿。请千万不要这么尝试。

在第3章中，我们将研究一下各种类型企业的净损益表。你头顶上的灯光即将熄灭，你会清楚自己需要在生意上做出怎样的改变，才能胸有成竹，更上一层楼。相信我。在现实生活中，我已经无数次见识过这样的例子。现在轮到你了。

⬇ 关键点

> 净损益表显示了该企业是否盈利。如果净收益或盈亏底线大于0，则表示企业有所盈利；相反的话，那么企业正在赔钱。

> 净损益表的顶行就是净收入，记录了每月的销售额。

> 净损益表的第二行是销货成本。这是创造可供出售的制成品所需的直接成本，它包括直接人工成本与直接材料成本。

> 如果已知销货成本，但售价未定，那么记住，企业只有能够以销货成本加上45%加价的价格来销售物品，才值得经营。如果

- 在市场上这样的价位不被接受的话，可以考虑让产品下架或改变其成本结构。

- 唯有清仓大甩卖时，并且只在很短的时间内，才能以低于销货成本的价格出售产品。

- 净损益表的第三行是毛利率。它不得低于净收入的30%，以便足够支付固定费用和可变费用。

- 经营一家盈利企业的关键是充足的毛利率，而且必须每月进行测量。净损益表是对毛利率进行追踪的唯一报表。

- 固定费用并不随着销售量而变化。尽量把固定费用降到最低，并且不得超过每月净收入的20%。

- 随着企业的客户越来越多，变动费用也不断走高。尽量把这些费用维持在净收入的20%之内，以避免失去控制。

- 税前利润是从净收入中扣掉除税金之外的所有成本之后的小计。如果税前利润不低于净收入的10%，那么净收益很可能就会在一个健康的范围内。

- 由税前利润来支付税金。比较好的做法是，千方百计把净收益管控在净收入的5%以上。这意味着，销售额每增加一元钱，企业至少能得到五分钱的净利润。

- 长期生意兴隆的关键是每季度的盈亏数字始终大于零。

第3章

利用净损益表提高利润

瞪大双眼,小心驾驶

通过上一章的内容，我们已经能够从月度净损益表中辨别企业是盈利还是亏损了，这样便有了作出决策的依据。我们面临的挑战是，如何利用这些信息来管理好企业，从而使利润最大化，并严格控制成本。

实现更加可观的利润并不意味着要去欺骗和利用不知情的客户并从中得到好处。而是在为客户提供价值的基础上，让你投入的时间、精力和稀缺资源（例如现金）获得最佳的投资回报。如果企业提供的产品或服务毫无价值可言，那么客户根本就不会有任何购买行为。要是企业提供了非常优秀的产品或服务，但却不能保持盈利，那么这些产品免不了被人们抛弃的命运，这只是一个时间问题而已。利润就是顾客对企业产品或服务非常喜爱，并愿意为它们花费血汗钱的证据，也是在管理上出色地让支出与收入保持协调的证据。利润是一家可持续发展、管理良好的企业的"健康生命体征"之一。

驱动产品型企业的利润

让我们重新回到企业管理的模拟与练习中，利用净损益表经营企业实现盈利。我们将从一家销售有形产品——纸杯蛋糕的企业 Cupcakes R Us 入手。看看是否有钱赚？先看图 3-1 所示的净损益表，然后自己作出判断（注意：括号内的数字为负数）。

你对此有什么看法？如果你说，该企业每月亏损了 $4 500，那么确切地说，你是正确的。如果 Cupcakes R Us 想继续运转下去，很显然得做出一些改变。让我们对这份净损益表进行诊断，来瞧瞧他们赔钱的原因。我关注的第一件事是看看毛利率是否达到最低回报率，即，净收入的 30%。如果没有的话，为了企业能够继续生存下去，我们需要找到提高毛利率的方法。

如何提高毛利率

Cupcakes R Us 所面临的挑战是，毛利率太低从而无法支付企业的所有运营费用。把净收益从负数转变成正数的唯一手段是找到提高毛利率的方法。以下是实现这一目标的一些方法。

降低销货成本

我们需要检查的第一个基准是毛利率。不知道你是否还记得我们在上一章中提到过的准则，企业想要有所盈利的话，毛利率必须至少是净收入的 30% 以上，而在这张表里只有 22%。为了毛利率能达到 30% 以上，销货成本不能高于净收入的 70%。正如你所看到的，Cupcakes R Us 的销货成本是其收入的78%。这意味着，Cupcakes R Us从销售中赚得的每$1.00，就有$0.78被用于支付制作纸杯蛋糕的原材料和劳动力。这是他们的单位成本。我们需要把这个数字降至$0.70或以下，这样才能使毛利率处于安全区域。我们有各种各样的策略可以用来实现这个目标，首先要研究的是Cupcakes R Us能否降低其直接成本。

Cupcakes R Us
1月份

净收入	$4 500	100%
销货成本	($3 500)	78%
总毛利率	**$1 000**	**22%**
固定费用：		
租金	($1 500)	33%
变动费用：		
营销	($1 000)	
水电费	($150)	
电话	($100)	
保险	($150)	
日常用品	($1 000)	
兼职人员	($1 000)	
网络支持	($500)	
簿记	($100)	
总变动费用	($4 000)	89%
总支出	($5 500)	
税前利润	($4 500)	
税金	000	
净收益	**($4 500)**	

图 3-1

正如我在第2章中所说的，没有几个小企业经营者对用于人工和材料的直接成本有所了解，而这种一无所知绝非什么好事，那等同于蒙着眼睛驾驶车辆。为了经营好Cupcakes R Us，我们需要确切知道，从计量、调制和烘烤一批美味的纸杯蛋糕所耗费的时间成本与人工费用。我们还需要知道材料的直接成本，譬如，创造这些妙不可言的诱人点心所需要的糖、面粉、黄油和丝滑的比利时巧克力。最后，我们需要知道，如何将这些成本分解成单位产品的成本。一旦我们知道了单位产品的直接成本之后，接着需要查看一下零售价，保证零售价是成本与约45%加价的总和，这才能确保每一单位产品都将带给我们30%的毛利率。请记住，公司的任何产品都必须产生30%的毛利率，否则就会降低总体毛利率。

让我们来看看如何分解Cupcakes R Us的直接成本。面包店出售两款纸杯蛋糕：巧克力与覆盆子。事实上，制作覆盆子蛋糕的成本比巧克力蛋糕更加昂贵，尤其是非覆盆子产季的那几个月份（例如1月），成本更是节节攀升。因此，1月份的每单位销货成本分类细目如下：

- *巧克力：每单位$1.40*
- *覆盆子：每单位$2.10*

现在让我们来查看一下销货成本与零售价的对比。在一月份，每个巧克力纸杯蛋糕的售价是$2.00，而每个覆盆子纸杯蛋糕的售价是$2.50。我们必须确定每单位的毛利率（单位价格减去单位成本），然后，将毛利率除以单位价格得出其占净收入的百分比。关于Cupcakes R Us，我们看到以下数字：

巧克力：

$2.00（单位零售价）− $1.40（销货成本）

= $0.60（毛利率）

$0.60 ÷ $2.00 = 30%（哎呀！）

覆盆子：

$2.50（单位零售价）− $2.10（销货成本）

= $0.40（毛利率）

$0.40 ÷ $2.50 = 16%（啊，哦！）

正如你所看到的，巧克力纸杯蛋糕的毛利率还不错，但覆盆子纸杯蛋糕的毛利率就几乎只达到合格线的一半。啊哈！现在我们知道把整体毛利率拉降至总净收入的22%的罪魁祸首是什么了。

很明显，接下来就要看我们能否解决覆盆子纸杯蛋糕的销货成本问题了。首先，让我们来看看企业负担得起最大的销货成本。我们知道，为了获得30%的毛利率，销货成本不得超过零售价的70%。因此，如果每个覆盆子纸杯蛋糕的零售价继续保持在$2.50，那么我们需要将最大的销货成本从每单位$2.10降至每单位$1.75（2.50×0.70 = 1.75）。换句话说，我们需要看看，能否以比目前支出减少大约$0.35的成本来生产和交付每个覆盆子纸杯蛋糕。我们能做什么呢？

一种解决方案是，仅在一年当中的某个特定时间，即原材料最便宜的时候，才出售覆盆子纸杯蛋糕。除了能够降低销货成本之外，还给顾客营造一种趁着有售赶快购买的紧迫感。我们可以采取的其他可行举措包括：

- 与供应商对总采购量折扣进行协商。
- 利用不同的成分、材料或制造工艺来重新设计产品。
- 寻找低成本合作。例如，如果你需要扩大厨房，那么，租借商业配套设施的烤炉或厨房，而不是租用一整间面包实体店。
- 寻找原材料的新来源。

提高价格

如果采取了这些策略之后，仍然无法使销货成本下降至售价的70%，那么我们需要考虑一下提高零售价的可行性。要是根本无法降低覆盆子纸杯蛋糕的销货成本，我们需要把价格提高多少才能获得30%的毛利率？正如我先前所提到的，一般的做法是把零售价设定为销货成本再加上45%的加价。

我们先从计算价格的涨幅（我们在第2章中称之为"加价"）开始，并将其添加到单位成本中。

$$2.10 \times 0.45 = 0.945$$

$$\$2.10 + 0.95 \ (0.95更便于计算)$$

$$= \$3.05（每单位的新零售价）$$

新零售价将使我们的毛利率处于更加合理健康的状态。价格减去成本等于毛利率（GM），因此：

$$\$3.05（新的零售价）- \$2.10（销货成本）$$

$$= \$0.95（毛利率）$$

$$\$0.95 \div \$3.05 = 31\%$$

（净损益表又恢复健康！）

另外，我们可以通过设定目前的销货成本为零售价（X）的70%（0.7），从而得到精确的30%毛利率。以下是计算过程：

$2.10（销货成本）= 0.7 × 零售价X，即，销货成本 = 0.7X

$2.10 ÷ 0.7（70%）= $3.00

瞧！每单位的新零售价是$3.00。

正如你所看到的，如果我们无法降低销货成本，那么我们需要把每个覆盆子纸杯蛋糕的价格至少提高$0.50，才能获得30%的毛利率。但我们的顾客会愿意为一个纸杯蛋糕多付$0.50吗？

目前，如果我们能够把覆盆子纸杯蛋糕的销货成本稍微降低一些，但还不足以达到零售价的70%，那情况又会怎么样呢？比方说，在与新的覆盆子供应商协商之后，每个纸杯蛋糕的直接成本被削减了$0.15，我们的销货成本从$2.10下降至$1.95。此刻，我们仍然需要提高价格才能达到30%的毛利率，但没必要提高那么多了。倘若使用降低销货成本的方法，我们把$1.95加上45%（1.95×1.45）得出单位价格$2.83（四舍五入）。倘若使用净收入方法，把单位成本$1.95设定为零售价的70%，最终得到单价$2.79。有了新的单位成本，我们可以把$2.79至$2.83之间的任何价格设定为一个覆盆子蛋糕的零售价，都能得到足够的毛利率（即足够让企业维持下去的毛利率水平）。正如你所看到的，降低成本和提高价格是为了达到销货成本和毛利率基准而双管齐下的策略。

捆绑产品

另一种选择是，把低毛利率产品与高毛利率产品捆绑在一起出售。

这样一来，顾客就需要同时购买几种产品。在Cupcakes R Us的例子中，这意味着如果顾客只想要覆盆子纸杯蛋糕，而我们实施了捆绑式销售，那么他们还需要连带巧克力纸杯蛋糕一起购买。只要销货成本和价格是固定的，这种捆绑产品的平均毛利率为30%。捆绑产品能够防止顾客"摘樱桃（选择最好的）"，或者仅购买低毛利率产品——这些皆会成为通往低利润或负利润的快车道。

销售量，不仅仅一个或两个

大量销售也是有用的，因为往往可以商定原材料的总采购量折扣，在此过程中压低销货成本。一笔非常大的订单绝非买卖一个售价$3.00的纸杯蛋糕那么简单，而是上述的百倍收入，同时降低了单位成本。在这种情况下，单位价格也会随着降下来，但仍可能更容易保持30%以上的毛利率。只要确保这是为了增加销量而进行市场营销投资之前的情况。对于Cupcakes R Us来说，我们需要研究我们的市场，并探索如何向客户销售纸杯蛋糕的大订单。当客户们正在寻找哪里可以下大单时，我们是否能够发现哪些是目标消费者，一年中哪段时节是销售旺季，或者是客户生活里消费高峰期？聚会？婚礼？新生儿聚会？生日派对？年末？新年庆典？一张量大的订单可以让销售收入增加数百美元。

放弃低利润的覆盆子纸杯蛋糕

为了保护净收益，我们的最后一个选择是，让低毛利产品全部下架。有时，放弃毛利非常低的产品，是把无利可图的客户送给竞争对手的一个很好的方法。询问客户是否会花费更高的价格购买覆盆子纸杯蛋糕？可不可以缩小覆盆子纸杯蛋糕的尺寸但价格不变？让客户帮助你做出这类决定。

既提高价格又维持销量的八大准则

由于价格推动收入，净损益表上有几个变量对利润产生的影响不亚于定价。较高价格等同于较高收入，前提是在提价过程中销售量没有下跌。不过，对于许多小企业主而言，提高价格等同于提升心率。他们认为，如果提高了价格，顾客就不会再购买他们的产品，并且还会逃之夭夭。然而，事实未必如此。只要注重某些准则，我们完全有可能在维持销量的同时提高价格。以下是以顾客会接受而不会抵制的方式提高价格的八大准则。

准则一：调查竞争对手的定价

每当新开一家店时，我都会扮成神秘顾客到竞争对手那儿逛逛。我要看看竞争对手所出售的产品质量如何及其定价情况。他们是否在其产品中使用了更加质优的成分或材料？是否也出售与我相同的品种？他们的顾客服务是棒极了还是糟糕透顶呢？如果有疑问的话是否有人可以询问？全面的客户体验怎样？顾客在网上的评论又如何？在收集了所需的数据资料之后，才能评价他们的定价是否合理。

为了判断你的价格是否合理，我建议至少调查利基市场上的五位竞争对手。顺便说一句，我发现，大多数小企业往往宁愿定价低于他们产品的实际价值，也不愿标价过高。

关于削价竞售你还应该记住一些东西。这似乎有悖常理，但是，一个企业的产品索价过低的标志之一就是其交易促成率过高。例如，一个开广告公司的朋友告诉我，他的销售成交率是80%，那就是说，经他推销的十个人里就有八个人聘用了他公司。当我告诉他，这样的成交率危害极大时，他惊呆了。为什么呢？他正因为标价过低而关闭所有业务。在那家公司里，他会知道如果他的成交率只有25%的话，他的定价就极具竞争力。他的定价方案表示他以过低的毛利率服务了过多的客户。毫无疑问，这让他负担不起供公司运转下去的运营开支。

准则二：如何提高产品价格并保持竞争力

假设我们为Cupcakes R Us扮演了一回神秘顾客购物，并且发现竞争对手的覆盆子纸杯蛋糕的售价是$3.75，而且他们使用馅料代替我们使用的新鲜浆果。我们一直在考虑把价格提高至$3.00左右，并希望顾客会接受，如今，我们发现他们却以更高的价格购买了更劣质的东西。这就告诉我们，也许可以把每个纸杯蛋糕的价格提升至$3.25或更高，还依旧具有足够的竞争力以维持我们的销售额。如果成功的话，我们的覆盆子纸杯蛋糕将带来超过我们的最低目标——30%的毛利率。诚然，$0.75的涨幅可能不容易赢得市场，但如果竞争对手已经贵了不少的话，顾客可能更愿意花费多点儿来购买相对好的产品，这给予了企业一定程度的补偿。

准则三：不要全面提高价格

只提高选定产品的价格，尤其是具有高感知价值的销量大的产品，例如难得或独特的产品。客户更加容易接受这种产品的提价。至少在短时间内，保持其他产品的价格不变，让客户有时间消化价格上涨这个事实。倘若购买量大的话，可以适当给顾客一定折扣。这也是一种激励措施，有利于顾客继续从你这儿而非竞争对手那儿购买产品。

准则四：逐步提高价格，而非一步到位

网飞公司（Netflix）就是以一次性涨价60%而臭名远扬的例子。客户们对此心灰意冷，陆陆续续抛弃了网飞。一般情况下，10%~12%的涨幅是不会让大多数顾客怒不可遏的。只要确保在最受欢迎的产品上亏不了本。如果产品的平均价格仍然能够带来30%以上的毛利率，那么这就是最称心如意的情形了。

准则五：向客户提供价格变动的一些预警

让客户提前知道价格即将上涨，以便他们能够做好应对准备。是的，这

给予了客户更多时间到同行那里打探行情，所以，你需要在涨价之前了解竞争对手的定价情况。也可能促使顾客趁现在价格低一点而大肆采购。如果你有特别重要的大客户，在发出价格变动的正式函件之前，抽出时间与他们电话沟通或见面会谈（你可能需要对这些巨头做出一些妥协）。虽然与他们亲自联系花费了点时间，但这为企业赢得了信誉。它缓解了涨价信息带来的痛苦，也有助于保护核心业务关系。它还让客户觉得自己享受了合作者的待遇，而不会像是一台ATM取款机。适用于涨价的黄金法则：己所不欲，勿施于人。

准则六：确保公布新价格之准确性

一家阀门公司曾经在12月向其客户们发送了一份新的价格表。但是表格有一个很大的问题，那就是表上的价格是错误的。实际价格高于所示的新价格。哎哟！在把函件发出去之前必须仔细检查并再三核实。

准则七：时机就是一切

通常，一年的年底是宣布下一年提价的好时机。大多数个人和企业主都习惯了在这个时候接受涨价的消息。保险公司、医疗保健机构与公用事业公司往往在年底宣布涨价。在新价格正式实施之前，至少提前30天通知客户。在零售店张贴看起来很专业的明显标志。如果你的买家不仅仅是个人消费者，还包括一些企业单位，那么，你应该至少提前3个月通知他们，以便他们能够把价格上涨这个因素纳入下一个财务年度预算中。

准则八：增强公司传递的价值文化

这不是顾客为购买产品或服务所支付金额的问题，而是与企业所要传递的东西相关联。产品的价格以及它们被传播的方式应当能够使客户们觉得，这些产品或服务是彰显他们成功的构成之一。提高售价，专业配送，然后你将会惊奇地发现，该产品或服务居然吸引来了如此多极具品质意识的消费者。

多样化的客户群

对于管理客户以及了解他们对毛利率的影响，还有一点要说的：并非每一种产品都能给你带来相同的毛利率，同理每一位客户所贡献的毛利率也各有不同。小企业经营者需要仔细观察，是谁从这儿购买了什么具体的产品（或服务），以及他们的消费金额与总收入的比例怎样。这有助于确认哪类客户对你的收入和净收益最具影响力。

每一位顾客或客户就像是投资组合里的一间公司。设计好一个健康

的投资组合，这样组合里的任何一家投资公司都无法危害整个组合的投资回报。同样，小企业经营者必须学会管理自己的客户，这样一来任何客户都无法使公司的绝大部分收入处于风险之中。

我曾经在现实生活中运用过这种想法，紧接着无比惊奇地发现，这竟有助于企业建立更具可预测性的收入。一般的会计教材里很少会强调这类策略。如果这个策略得到了实施，它将给你带来难以置信的强大效应。许多小客户是非常不错的存在，他们使你的收入风险多样化了。小客户不能要求大折扣，从而小客户带给你的毛利率就会比较高。所以，不要瞧不起小客户，他们增加了你的收入，让你的企业能够继续运营下去。

顺便说一句，对投资者来说，拥有多样化客户群的企业更具吸引力，因为他们看到了企业具备了可管理风险。例如，假设你是一个投资者，Jane's Hardware 与 Joe's Hardware 是两家不同的公司，现在你需要决定对其中一家公司进行投资。两家公司所销售的产品种类非常相似，并且都拥有100个定期购买客户。然而，两家企业的单个客户购买金额显著不同。

Jane's Hardware	Joe's Hardware
客户 A = 占总收入 90%	客户 A = 占总收入 10%
其他客户 = 占总收入 10%	其他客户 = 占总收入 90%

这有什么问题呢？Jane拥有一位重量级客户。Jane的公司每赚进$10就有$9来自这位大客户。太棒了——只要这位客户继续在她这儿拿货。倘若客户离开了会出现什么后果呢？Jane's Hardware因为无法在一夜之间填补90%的收入窟窿，立即就会处于捉襟见肘的艰难时刻。事实上，在那位大客户离开之后，Jane可能需要寻找许多其他客户来弥补这个缺口。四处寻觅许多新财源真的非常耗费时间与精力。此外，Jane可能背负各种运营成本专门为客户A服务，其中包括一些固定费用。当客户A离开时，Jane立刻被各种各样的账单套住，无法摆脱，而收入的暴跌速度将比纳斯达克指数更加迅速。

从另一方面来看，Joe所拥有某位固定客户带来的收入仅占总收入的10%，而且其他客户的贡献都分别没有超过总收入的10%以上。他拥有一个多样化的客户群。如果某位客户离开了Joe，他的收入会减少，但他的公司不会像Jane那样只能勉强支撑。剩余客户群所产生的收入与毛利率仍然足以应付各种各样的账单。他恢复得更快。对于Joe's Hardware而言，失去任何一位客户都不会使净收益沉入负值区域。这就是多样化客户群的美妙之处。

有一点很重要，那就是意识到大客户并不总是能带来利润。事实上，有时拥有大客户需要付出高昂的代价。与市、州或地方政府打过交道的人就知道这一点。客户的手中握有讨价还价的筹码，所以他们想要拿到大折扣；他们的付款时间很长；他们的要求更苛刻。为了自己的便利，大客户可能还会要求公司建立独一无二的系统和流程，以便与他们的规范相匹配，这意味着企业需要付出更高的固定间接成本。

如果一个既费钱又费工夫的客户坚持只购买低利润产品，那么你需要与客户开会磋商最小订单以及定价事项。倘若进展不顺利，也许是时候炒客户鱿鱼（当然，太好了），把他们送给竞争对手好了，这不失为是一个好办法。

不要遭受重挫

有这么一个真实的故事，这个故事把多样化客户群是怎么一回事彻底讲透了。想象一下，你所经营的公司开发了一款奇妙的护肤霜，它能够阻止衰老的过程——名副其实的青春不老泉。一家大型高档连锁酒店打听到这个产品，随之下了一个超级大的订单，准备放在其水疗中心进行销售。对于企业来说，这是一张六位数的订单，是迄今为止收到的最大的订单。你们开了一支又一支香槟来庆祝这重大喜事。目前，公司已经把制造完成的产品运到水疗中心，公司为此向银行借款来支付销货成本、产品制造成本、包装以及运输等一切开销。

两个月后，管理部门接到连锁酒店采购负责人打来的重要电话，声称产品没有卖出去。她想要退回所有卖不出去的货物。天啊。起初是谁先垫付成本来生产这些东西的？猜猜是谁为那些利润买单？猜猜又是谁可能必须以低于销货成本的一个惊人的折扣价来出售所有商品，因为面霜并不会随着时间流逝而不变质？如果对于所有这些问题，你的答案都是"公司自己"，那么你得了一个A。

这个故事的寓意是什么呢？一个大客户能够让你的毛利率、现金流以及利润统统发生质的变化。不要以为抓住一个大客户，从此就会过上幸福的生活。这样的方式几乎很难行得通，尤其对小企业来说更是如此。

小企业一旦与大客户做生意就得承担更多的风险。由于大客户是价格的制定者而非接受者，因此控制毛利率也更加困难。他们就直接告诉你自己只能接受什么样的价格。

多样化的客户群使收入更加具有可预测性，也使风险均等分布。在试图与大客户做生意赚大钱之前，先与可预测的客户合作，为企业奠定坚实的收入基础。是的，正如我在Cupcakes R Us案例中所说的，量大的订单有助于管理销货成本，但凡事总有利弊。

一个合理的目标就是，任何客户带来的收入都不要超过总收入的15%（越低越好）。企业得有坚韧的适应力，一旦客户离开了，也能迅速找到可以取代的新客户。无论你的企业如何优秀，你的产品或服务如何绝妙，你都无权要求你的客户只能购买你的产品。当他们转向你的竞争对手的时候，千万不要让自己陷入难以生存的窘况。

关于营销费用的片言只语

尽管在净损益表上营销被列为可变费用，但是它其实应该被视为一种投资，需要在净收入与毛利率上取得可测量的回报。你的营销费用都被用在什么地方呢？是否能够识别并接近关联性更强、更有利润空间可言的客户？是否能够更加迅速、更加高效地接近更有利润空间的客户？网络营销是否吸引了许多相关访客，他们在网站上投入了多少时间登记、申请特别优惠或内部通讯？

我们在任何营销活动中投进一美元，就应当收获五美元的净收入作为回报。为什么呢？因为通常情况下，营销预算是净收入的20%左右。

切记这一点。如果企业在社交媒体和网络营销中进行了各种各样的投资，但都没有收到明显的回报，那么做出改变的时候到了。

驱动服务型企业的利润

好吧，让我们来探讨一下服务业。读懂服务性企业的净损益表比制造业的更具挑战性，因为服务企业的销货成本看起来不一样。你并不卖"东西"，你出售的是自己的时间、劳动力与专业知识，从而衡量毛利率。由于超过75%的小企业属于服务性行业，所以我们需要花一些时间来探讨如何看待服务企业的毛利率。

你的时间蕴含巨大的价值。你所浪费的每一分钟在人类历史上都是独一无二的，而且再也找不回来了。时间是你唯一的不可重获资产。在经营服务企业的过程中，你的全部成就取决于彻底明白这个公认的事实。任何一份财务报表上都没有库存一项，它需要考虑所花费的时间。这是隐含在报表中的。经营服务企业的成本也是最大的。

两个例子

让我们来看看服务型企业的两个例子，它们的经营者都是才华横溢的人，但是对时间的价值还缺乏充分的认识。然而，一旦他们意识到时间的宝贵，就会一边维护良好的客户关系，一边把精力集中于那些提高净收入和毛利率的业务，这样一来净收益也将随之疯狂上涨。这些转亏为盈的逆袭故事将帮助你理解时间的价值,并将让你所经营的企业在未来发生翻天覆地的变化。

范例1:摄影工作室

我的一个客户开了一间摄影工作室。我们就称之为Fabulous Faces吧。她主要拍摄三种类型的相片:毕业照、婚礼照以及全家福。15年来,她每天工作14个小时,可是到了年底,银行卡却空空如也。

我们深入探究了她的客户群,看看来拍毕业照、婚礼照和全家福的客户所占比例是怎样的。她合计拍摄了70个毕业照、30个婚礼照以及15个全家福。在第二季度拍摄的大多数是毕业照,而在第三季度主要围绕圣诞节及其他节日开展业务。

我问了她一个关键性问题:"拍摄各个类型的照片分别需要花费多少时间?"她说,2个小时就能拍完毕业照。而全家福通常需要3个小时,因为她不得不花时间让哭闹的婴儿安静下来,帮助步履蹒跚的老奶奶摆好姿势。这两种情形的客户只需直接过来找她,因为她可以在屋子里或院子里利用自然采光拍摄所有类型的照片。拍摄这两种类型的照片,她不用把时间浪费在往返两地,或将大量的摄影设备与灯光器材拖拉到另一个地方。一切都已经准备好了,只需要客户来到她的工作室就行了。

拍摄婚礼照片则完全是另外一回事。她不得不雇佣一个助手;让工作室暂停营业;把照明器材、摄像机以及后备设备等满满当当地装了一卡车(由于是实时拍摄,压根儿没有机会抱怨"哎哟");然后往新娘家的方向开去。到了新娘家,把这些器材和设备支起、摆好,紧接着开始拍摄,完毕之后再把所有这些设备拆下来,重新装回卡车运往婚礼现场。到了那里,再次把设备支起、摆好,"咔嚓咔嚓"地拍摄了更多的照片。随后进行喜宴,又得第三次把这一整套让人腰酸背痛的苦活儿再重复一遍。终于撑到了这一天即将结束的时候,但摄影师还需要异乎寻常的超强精力,因为不仅连续12个小时没有停歇已经使得腿脚无比酸痛,而且还得应付所谓的岳母大人争吵着要她从照片里把"窝囊的费雷德叔叔拿出来",这更加令人头痛不已。

听完了到底是怎么一回事之后,我问我们的女主角,为什么要接婚礼拍摄这种活儿呢?她说,"拍婚礼赚的钱多呀"。嗯。让我们来看看,这是不是真的。

了解了拍摄每种照片所需的时间之后,我又询问了每种照片的平均销售额。账目明细如下:

照片类型	每位顾客的投入时间	每位顾客的平均收入	每小时的报酬
毕业照	2小时	$300	$150
全家福	3小时	$600	$200
婚礼照	12小时	$1 200	$10(支付助手全日工资与随拍时间之后)

那么,你如何看待这个表格呢?首先,在每小时的基础上扣除开支之后,显而易见,拍摄全家福是最赚钱的。她在与他们一起的时间内赚了最多的钱。作为婚礼的摄影师,不仅周末无法陪伴家人,而且每小时至少损失机会成本$190。如果把拍摄一场婚礼的时间用来为四个家庭拍摄全家福,那么一天下来的摄影收入是$2 400,那是拍摄婚礼照所得的两倍,还节省了雇用助手所

需的全部费用。接下来，如果你把婚礼过后处理照片的时间以及与暗室、装框和新娘（总是犹豫不决）打交道的全部时间合计起来，那么摄影师原始投入的时间比拍四份全家福还多。最终的结果是，拍摄一场婚礼每小时仅挣$10。如果她为大型摄影工作室打工进行婚礼拍摄的话，扣掉支出之后每小时净赚$75，还没有后续麻烦。有时，经营小企业并非赚钱的唯一途径。

现在，这位摄影师应该怎么做不言而喻了。

首先，她需要减少婚礼拍摄业务。如果她纯粹喜爱新娘这个角色，完全出于内心美好的善意而想要拍摄婚礼场面的话，那是另一回事。但是，如果她认为婚礼摄影能够挣更多钱的话，那是自欺欺人。银行账户早就告诉她真相了，但她置若罔闻。

其次，她必须敏锐地意识到自己的时间多么宝贵。如果拍摄一场婚礼能够挣$3 000（$2 400加上助理费用）以上，这也是值得的。诚然，市场在价格方面有所限制。因此，她的时间相当珍贵。

第三，她应当把市场营销费用投放在吸引拍摄全家福与毕业照的客户上。由于通常毕业照的预定集中在第二季度，而全家福的拍摄则聚集在第三季度，因此，这些目标消费者往往并不互相冲突。这是多么令人满意的事情。毕业照与全家福所收取的报酬是每小时$150~$200。

第四，从理论上讲，她可以减少一半工作会议安排（节省一半时间），家中作业占收入的50%以上。

我没有十足的把握，但我告诉客户如果按照这张处方去做，到了今年年底，她的银行账户就会有$5 000存款。但我错了。12月15日她打电话跟我说，她银行的户头里已经有$7 500。我们俩都哭了。这从来没有发生过。它改变了她的生活。

范例2：室内设计公司

ABC Design Corporation是一家经营了超过15年的室内设计公司，为客户提供专业的知识、极具创意的构思以及解决问题的能力。与Cupcakes R Us不一样，它的服务是无形的，但对于建造大型商业摩天大厦的开发商而言是至关重要的。ABC的净损益表看起来类似图3-2所示。

ABC 设计公司
4月份

项目收入：	$25 000.00
项目相关费用（它们的"销货成本"）	($1 500.00)
项目毛利率：	$23 500.00
固定费用：租金	($1 500.00)
变动费用	
广告宣传：	($1 000.00)
薪资（合作伙伴）：	($12 000.00)
保险（健康，伤残）：	($2 000.00)
设备：	($1 000.00)
水电：	($300.00)
专业人士费用（会计师，律师，信息技术人员）：	($2 000.00)
电话：	($700.00)
餐旅费：	($500.00)
变动费用小计	($19 500.00)
总支出	($21 000.00)
税前运营收益	$2 500.00
税金	($1 250.00)
本月净收益	$1 250.00
	5%收入

图3-2

显然，ABC是盈利的，它的净收益是正数，达到了$1 250。公司的盈亏底线是净收入或项目收入（在这种情况下）的5%。实际上，这是相当不错的。ABC没有意识到的是，他们具备提高净收益的大机遇，潜在的大利益是很容易实现的。我推荐了两种方法：扩展产能与改变价格结构。

此外，在服务型企业里，项目相关支出（等同于产品导向企业的销货成本）的最大部分主要是指直接人工成本，这可归结为时间、技能或专业知识，以及努力程度。可能涉及一些直接材料，但客户支付的是你所付出的劳动力。在ABC的例子中，设计项目分解成各种级别的任务，它们要求的努力程度、技能与时间都不尽相同。重要的是，类似这种服务型公司的小企业经营者必须彻底明白，要求凭借专业化劳动力与时间来提供特定服务的两大原因。

第一，这使他们能够对各类人工的小时费率进行定价，并且确保每个价格都可以获得30%的毛利率；第二，这也使他们能够拟定更有效完成项目和管理更多项目的策略。ABC的大多数设计项目是需要绘图的。尽管ABC的大多数工作人员都具备绘图这项技能，但雇佣绘图员还是值得的，这样可以把节省下来的时间用于项目中要求更高水平、更高价位的业务上。此外，也要有更多人手来处理劳动密集型工作，使得他们每星期都能接到更赚钱的项目。我向ABC表示，仅仅雇用一位一流的绘图员或设计师，就能使合作伙伴有时间和余力接更多项目，从而提高项目周期时间，总收入与毛利率也会逐月递增。

改变定价结构

如果你查看了ABC的项目相关直接成本，就会发现相比于项目收入，这个数字非常小。那是建筑师开发设计与绘制图纸的费用。首次看这份净损益表的时候，我的第一感觉就是并没有把全部成本记录下来。我猜测，合作伙伴在这些项目中投注了许多时间，但这些时间成本仅仅被笼统地列入薪资内，而不是作为项目的直接人工进行分配。我建议他们，合作伙伴应当了解自己的小时费率，然后根据这个费率和完成项目所需时间估算出每个项目的人工成本。最终成本随着项目范围的变化而不同。如果某个项目需要难以找到的专业知识，那么ABC也应当为此收取额外的费用。

这份净损益表并没有显示时间成本，我询问了两个合伙人之一Jared，但答案听起来似乎非常少。他电话询问了ABC的三大客户，为什么聘用自己的公司而不用其他公司，最终证实了这一点。其中一个答复是，"迄今为止你们是最便宜的"。这听起来是不是非常耳熟？还记得本章前面提到过的削价竞售吗？

提高价格的时候到了，也许还得远离低利润项目。这也意味着合作伙伴需要有按小时计费的目标薪酬，这样才能使任何项目都值得接受。ABC还没有做到这一点。

我们再来看看具体的项目，这会让合伙人薪酬急剧变化。我们决定，从此只接受高利润项目。我们还一致同意，如果客户想要修改"仅这一丁点儿"，ABC必须预先估计这种改变所需的额外时间与成本。然后ABC向客户呈递一份"范围变更"文件，采用正式信函告诉客户，修改这些地方所需的费用以及即将对最后期限造成怎样的影响。接着由客户决定是否对支付额外费用进行修改。如果客户同意了，他们在文件上签名并返回信函。这看起来似乎有点麻烦，但这是对服务供应商的保护，以防有人一到付款的时候就患失忆症。

在过去，ABC合伙人都是免费进行修改的，这使得他们的时薪少之又少。没有额外薪酬的时间越多则意味着时薪越少。

如今，客户想要进行任何修改都必须付一定费用，由他们决定哪些变更是重要得足以让他们掏腰包。这还意味着ABC得进行加班，但至少是有薪酬的。如果客户认为给钱修改不值得，那么ABC就不用免费工作到半夜。

顺便说一句，ABC还有另外一个问题，他们需要更多的办公空间。他们在第五大道的大楼还有闲置的房子，但那是纽约房产昂贵的地段。如果他们试图在那里扩充地盘的话，他们的固定成本会犹如火箭冲天般直线上升。因此，合伙人决定搬到往西一些的一栋阁楼，在那里他们不必支付如此高昂的租金。搬迁费用将被计入一次性变动费用，但好消息是，自此每月将节省部分固定费用，一年下来就能节省高达几千美元之多。加上我帮他们进行的其他改变，这使ABC具有在6个月内让净收益翻一番的潜力。而且他们做到了！

每个小时都不一样

最后再谈一谈对于服务型企业而言，应该如何计算时间、技能和劳动力的价值：请不要随意给一小时定价，好像一天之中每个小时的价值是一样的。其实并非如此。不同的时间具有不同的价值。下午两点开始的一小时与晚上十点开始的一小时相比较，它们的价值并不相同。下午六点之后属于私人时间。如果客户要求加快时间完成工作，从而导致服务供应商必须在下班之后牺牲私人时间加班加点赶活儿，那么供应商必须额外收取费用。

　　一名从事职业顾问工作的纽约人有一位住在澳大利亚的客户。这位客户对这名职业顾问的学识非常认可。对澳大利亚客户来说，最方便进行网络电话（Skype）的时间是晚上10点。而我们的顾问依旧按照下午2点的价格标准收取晚上10点的费用，并且牺牲了与家人相处的宝贵时间。我建议她下午6点之后就按照小时费率的2倍收费。然后客户可以选择重新安排日程表，或者向服务提供商支付额外薪酬，因为其在下班后牺牲私人时间进行业务咨询。现在，客户对重新安排日程有了相当大的动力，因此，我们的顾问再也没有感到不便。

　　最后，如果服务提供商是某个领域的专家的话，这会提高他们的时间价值与劳动力价值，价格结构应当反映出这一点。我曾经遇到过一名医生是FDA认证要求方面的专家和顾问。她的一个客户抱怨说，只花了几个小时就完成的项目，却收了她那么多钱。我这样回应她的抱怨：客户付钱买的是医生的专业知识。换句话说，客户买的是多年的经验，而非完成任务的几个小时。服务供应商必须了解自己专业知识的价值，只有这样才能更有效地与客户沟通。

*　*　*

现在你不仅了解了净损益表的概念及其运作原理，而且还见识了如何在产品企业与服务企业中提高毛利率与净收益的一系列例子。我们确实在这一章节中介绍了许多内容。这种思维已经促使好几个数百万元资产的公司转危为安，它也同样能为你雪中送炭或锦上添花。最好的消息是，无论企业出售的是什么产品都没有关系，这些提高低毛利率和整体盈利能力的策略适用于一切企业。

关键点

制造型企业

➢ 提高价格并降低销货成本始终能够增加单位产品的毛利率。

➢ 核算出具有竞争性的定价作为关键基准，以便了解价格是否合适、产品或服务的需求是否依然强劲。

➢ 如果已知销货成本，需要计算出零售价格（每单位收入），那么在销货成本的基础上再加上45%的加价以确保至少30%的毛利率。

- 提高主要产品的价格，规定最少订货量，并通过重新设计产品或转换供应商来降低销货成本，从而提高毛利率。
- 如果出于任何原因没能留住大客户的话，多样化的客户群可以降低收入风险。这适用于任何类型的企业。

服务型企业

- 提供服务的企业的销售成本是时间的价值与专业知识的价值。
- 请记住，即便是提供服务的企业，想要有所盈利，毛利率必须不低于净收入的30%。服务型企业的销货成本是一位专家的时间或知识的计时成本。
- 客户付钱购买的是经年累月的经验，而非仅仅几个小时那么简单。
- 至关重要的是追踪投注于项目中的工时数，最终收取费用与交付成品所需耗费时间之间存在一定的相关性。
- 如果客户要求对项目进行修改，那么必须向客户提交填写好的变更范围文件以供批准，其中包括修改之后整个项目需要增加的时间与成本。客户与服务供应商各自的利益均在考虑范围之内。
- 重点关注那些购买了利润空间最大的产品或服务的客户。

第4章

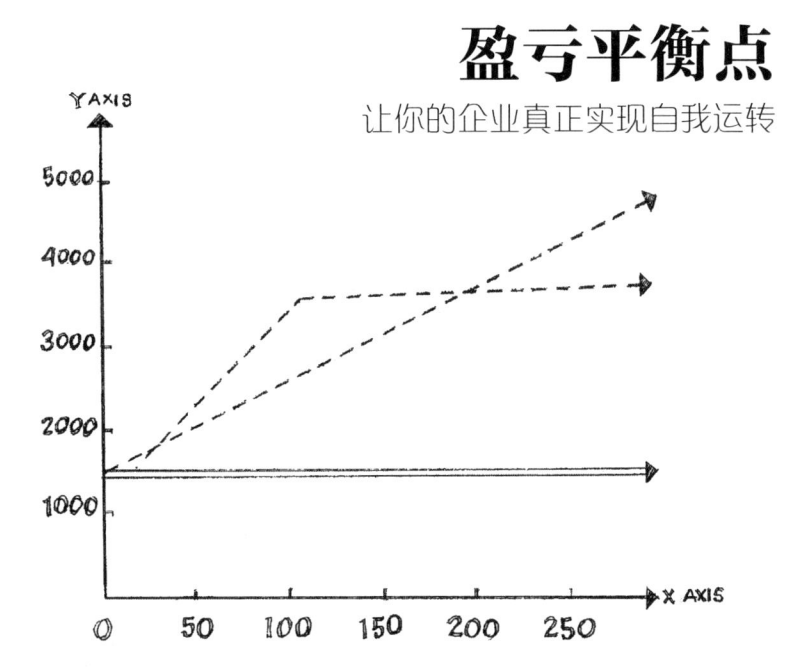

盈亏平衡点
让你的企业真正实现自我运转

如果有人问你："怎样才能知道这个企业是否赚钱了？"现在，你可以理直气壮地去查阅公司净损益表的盈亏底线，看看审查期间的数字是大于零还是小于零。倘若底线的数字是正数，这意味着净收益大于零，而企业是盈利的。倘若底线的数字是负数，则意味着企业出现了亏损。经过了3个章节的学习之后，你应该相当熟悉驱动利润的所有变量，以及一些提高利润以形成和确保净收益为正数的精湛技巧。第一次翻阅这本书的时候可能会觉得有点吓人，但现在再看却简便易懂。这就是真正的进步！

在介绍财务仪表盘上下一个测量仪器——现金流量表（在第5章进行探讨）之前，我认为你有必要了解一下小企业生涯的一个关键点，它非常重要，但经常被大多数经营者忽视，那就是：**盈亏平衡点**。

当净收益既不大于零亦不小于零时，那就是盈亏平衡点的所在，准确地说，它等于零。当企业的收益等于其损失时，即达到了盈亏平衡点。在那个点，企业净收入非常大，足以应付全部固定费用和变动费用，企业具有产生可持续盈利的潜力。这就是为什么我要把盈亏平衡点叫做"夜间睡眠"点。很显然，我们想要看到的是净收益大于零，但更重要的是，我们希望利润长期具有可持续性。

本章将会告诉你如何看待平衡点。它还会向你介绍确保企业的利润潜力长期得到保护的几种方法。因为各个企业的收入与开支水平不一样，所以它们的盈亏平衡点也是不同的。这就是为什么了解你所经营企业的盈亏平衡点非常重要的原因了。

好消息是，确定盈亏平衡点的所有数据均直接来自净损益表。我们恰好刚刚在第2章与第3章讨论了净损益表及其运作原理，这就是我们在随后第4章中探讨这个问题的原因了。如今，对你来说，财务仪表盘上的第一个测量仪就如同是一双穿过的鞋子一样舒适。

但是请记住，一家小企业就像是你的汽车一样，它可以有不同的行驶速度。如果你希望所经营的企业能够持续高效地产生利润，那么你需要密切关注这个盈亏平衡点。一家企业抵达了这个点则意味着，它就像一位成长中的成年人，至少在理论上，已经能够自我运转了。

盈亏平衡点影响深远的原因

盈亏平衡点是迈向盈利看到的第一道胜利的曙光。对大多数小企业来说,抵达了这个自给自足的点就是一大壮举。在一个小企业的初期阶段，所有支出（固定费用与变动费用）往往比净收入更高。

为什么呢？因为诸如建设网站、推销公司产品或服务之类的变动费用的数目非常庞大，并且犹如滚雪球般迅速增长，而净收入的产生则慢得多，还具有不可预测性。一个企业需要时间来构建自己的声誉，客户需要时间来体验企业独特产品或服务的好处。客户购买新产品或服务也需要时间，这样企业才能推动销售，实现净收入增长。还需要时间让客户爱上这种产品或服务，并热心地推销给朋友和同事，让他们也成为我们的顾客。进而需要时间来确定净收入的趋向，使经营者能够预测新客户的购买时间，所购买产品或服务的类型和数量，以及此次消费将会产生的毛利率数值。你在前面两个章节中已经学习过推动净收入与毛利率的各种因素。（是不是又该来温习我们在第2章中提到过的准则了？所有产品或服务的毛利率均必须至少不低于净收入的30%，或者销货成本的45%以上。）

净收入的累积总是比小企业经营者所期望的时间要长得多。这就是为什么我在第2章中强调，在企业刚起步时净收入正处于积累阶段，严格控制各种开支是至关重要的。

尽管，月复一月，企业的净收益持续呈现为负数，但是看到净收入的数值有所增长还是十分令人鼓舞的。最终，随着越来越多客户购买产品或服务，企业对客户提供的服务更加高效，净收入的增长速度也会开始超越各项开支。当净收益转为正数时，利润也随之诞生了。这就是每个企业能够生存下去的支撑点。

当这股推动变化的力量应运而生，你就该知道，你的企业已经踏上了通往盈亏平衡点的道路了。如果一家企业从未曾触碰过这个点，那么它一定赚不了什么钱，即使全世界都非常喜爱它的产品或服务也于事无补。唯有当销售收入净额持续高于固定费用与变动费用的总额时，企业才能够自我运转。

如何发现盈亏平衡点

让我们来看一个简短的示例，简单的Joe's Auto Parts净损益表。接下来我会告诉你应该如何看待图表上的这些数字，从而了解如何找到盈亏平衡点。为了计算出达到盈亏平衡点所必需的销售量，我会按每单位来表示净收入、销货成本、毛利率以及可变支出，而不是像前面三个章节那样直接显示合计数额。

在这个例子中，仅仅是在以每单位为基础的前提下，将净收入减去直接可变开支（销货成本）与间接可变开支（运营成本）的总额即可得出**净利润**。或者，你也可以在以每单位为基础的前提下，把它看作是毛利率减掉间接可变开支（两者是同一回事）。无论是哪种方式，每单位的净利润就是剩下来的可用于支付全部固定开支的数额。这是我们向计算出抵达盈亏平衡点所必需的销售量迈进的第一步。

因为无论我们的销售量是多少，固定开支这个数目不会改变，所以表上显示的是固定总开支而非每单位的固定开支。让我们来看看John's Auto Parts净损益表的前6行，如图4-1所示。

固定费用与销售量

俗话说，一图抵千言，让我们利用各种各样的图来看看实际上是怎么一回事。首先，让我们了解一下图4-2的测算内容。

第4章 盈亏平衡点——让你的企业真正实现自我运转

John's Auto Parts
净损益表

每单位**净收入** =	$15.00
减：每单位**直接变动费用**（销货成本）=	($4.00)
每单位**毛利率** =	$11.00
减：每单位**间接变动费用**（运营费用）=	($2.00)
扣除**固定费用**前之每单位**净利润** =	$9.00
固定费用总额 =	($1 500)

图 4-1

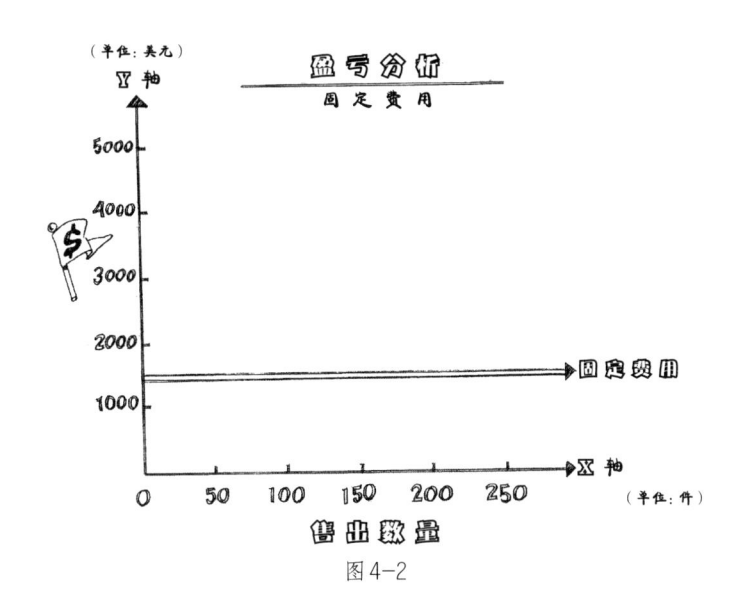

图 4-2

沿着图表下方，在被称为 X 轴的水平线上，你会看到"售出数量"的标记。随着目光向右移动，出售量的数额也不断增大。垂直线，或叫 Y 轴，如同"$"标记所指，仅用于表示金额。在这里，这些金额代表固定费用，但它们可以代表以金钱衡量的任何东西：固定费用、变动费用、净收入或其他任何收支。这些迟早派得上用场，等会儿你就会看到。

在这个图表中，固定费用项被单独绘制出来。这是一条水平的直线，阐明了无论例子中企业的销售量如何变化，固定费用都保持不变。John's Auto Parts的固定费用是$1 500。让我们假设这个固定费用是租金。除非租约条款更改或公司搬迁，否则固定费用这条线不会发生变化。

固定费用和变动费用 V.S. 销售量

但是固定费用并非唯一的开支，我们还需要考虑变动费用。你可能记得我们在第2章中提到过，变动费用分两种：直接支出（销货成本——材料与人工）与间接支出（销售佣金、网站技术支持费用以及营销费用等），它们随着出售量的上升而递增。由于间接变动费用随着销售量（售出更多产品或服务）的扩大而增加，因此代表变动费用的线将向上倾斜。在图4–3中，我们把总费用（变动费用＋固定费用，虚线）添加进固定费用的图表中。

请注意，总费用虚线始于坐标（0,1500）。这是因为所支付的总费用远远超过了固定费用。

固定费用、变动费用和净收入 V.S. 销售量

我提到过Y轴测量的是金额，即能以金钱衡量的任何东西都可以被绘制在这同一象限里。因此，我们可以把John's Auto Parts的净收入添加到这份盈亏平衡分析里，然后看看会发生什么。图4–4就是如此操作的。

图 4-3

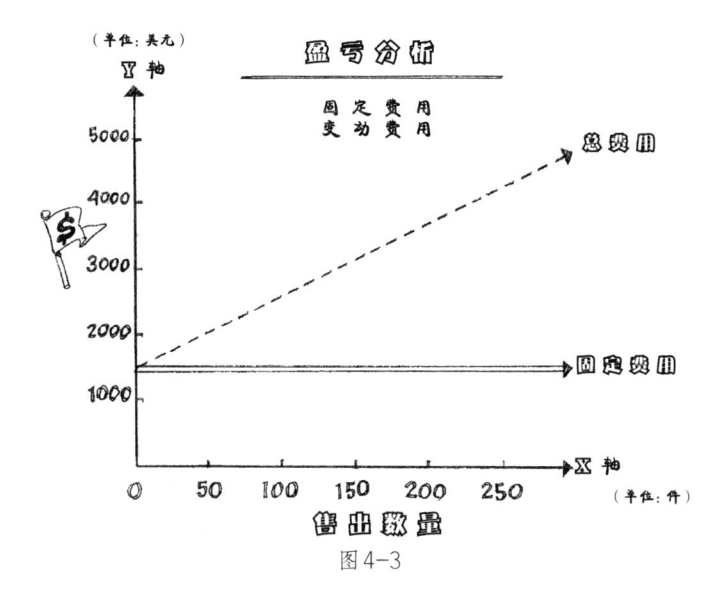

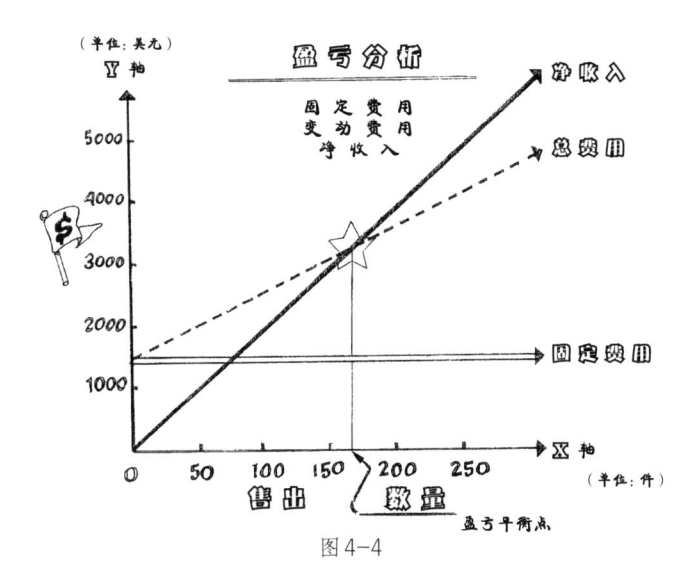

图 4-4

在图 4-4 中，向上倾斜的黑色粗线代表净收入。这条线测算出销售数量的变化将给公司带来多少进账金额（单价乘以销售数量，还记得吗？）。

请注意，表示净收入的直线始于坐标(0,0)，因为如果John's公司什么东西都卖不出去，那么，出售量为零，净收入也为零。一旦John's Auto Parts卖出去的东西越多，出售量与净收入皆一起增长。也就是说，这两条线都"朝北"。目前的挑战在于确保**固定费用与变动费用不要比净收入增长得更快**，从而才能使利润保持为正数。这是尽快达到盈亏平衡点的关键。如果开支的增长速度超越净收入的话，那么企业就陷入了困境。即使这个星期或这个月安然度过，下个月或下个季度也会出现亏损。

净收入取决于客户需求。客户并不关心诸如租金或营销之类的花销是太多还是太少。他们在意的是John's Auto Parts是否有自己需要的零配件，以及提供的服务是否面面俱到抑或无比糟糕。由John's Auto Parts来严格控制经营企业所必需的各种费用，这也是尽快达到盈亏平衡点的关键。做到这一点的方法是，降低开支、提高净收入（出售更多产品或服务）。然而，这不是一本销售全书；这本书主要探讨的是如何制定明智的商业决策，因此，我也就不在这里介绍任何销售技巧或窍门。

回到图4-4。请注意图表中央的大五角星。这就是盈亏平衡点。那一点表示，在这个地方的销售量所带来的净收入足以支付全部固定费用与变动费用。

如何计算出保本销售量

你已经知道达到盈亏平衡点是非常重要的，那么了解达到这个点需要多少销售量也是有所助益的吧？对应盈亏平衡点的出售数量被称为**保本销售量**（或"盈亏平衡点销量"或"损益平衡量"）。它指的是，达到盈亏平衡点所必须售出的单位数量。

让我们回到John's Auto Parts的净损益表，从净收入中扣除直接变动费用（销货成本$4.00）剩下$11.00，又再扣除间接变动费用（运营费用$2.00），最后得出$9.00。这意味着单位销量产生了$9.00来应付剩余费用——固定费用（租金）。$9.00就是每单位的净利润（单位价格减去直接单位成本与间接单位成本的总和）。因此，让我们计算出John's公司需要销售多少产品才付得起租金。

我们能够求解出足以支付每月固定费用$1 500所需的销售量。这将为我们提供每月的保本销售量。方程式非常简单：

$$固定费用 \div 每单位净利润$$
$$= 保本销售量$$
$$\$1\ 500 \div \$9.00$$
$$= 167（每月达到盈亏平衡点所需售出的产品数量）$$

如果再看一下图4-4，你就会看到，沿着星型的盈亏平衡点至代表售出数量的线条，有一根垂直的细线。它在销售量线上约莫167单位数的地方相交。

盈亏平衡点上之利润上升
盈亏平衡点下之亏损增长

经营Bedazzled的时候，在达到能够实现盈亏平衡点的T恤衫销售量之前，我都是不辞辛苦地努力多卖出一件T恤衫。我知道如果没有卖出一定量的T恤衫，Bedazzled就会持续亏损。

在图4-5中，你会看到两个阴影区域，一个在盈亏平衡点的上方，一个在其下方。看看星型盈亏平衡点上面的阴影部分，标记为"正净收益=利润"。你可以看到那条净收入线比较高(右边)，企业能赚到更多的钱。

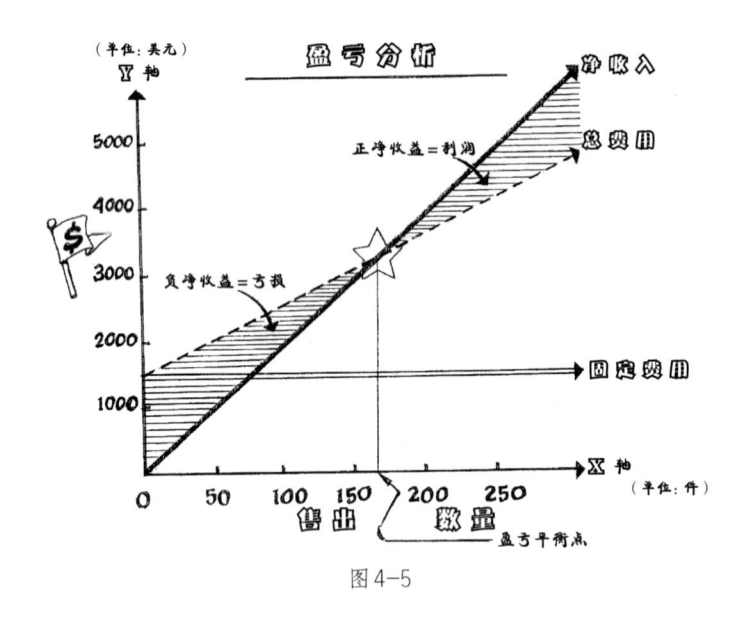

图4-5

由于在盈亏平衡点的上方，净收入线与总费用虚线之间的距离变得越来越宽阔，企业的盈利越来越多。这是净收入的增长速度超越全部开支的时候。这也是任何企业奋发图强的目标。

服务企业的保本销售量

如果你经营的是提供服务的企业，这些图表也同样适用。想象一下，把图表中X轴上的"售出数量"更换成"计费小时数"。从概念上讲，盈亏平衡点是完全一样的。那么，关键问题就变成了："需要入账多少小时才能够支付固定费用与变动费用？"或者，"我的保本销售量是多少小时？"

所不同的是，服务型企业售卖的是时间与技能。净收入可能基于完成的项目或工作的小时数，但在一天结束时，重要的是要知道一个小时的价值，我在第3章中谈论过这一点。在图表中，工作小时数的绘制就像是出售数量一样。工作的时间越长，净收入的数额越大。至少，大概是这么一回事。根据自身的独特性以及竞争对手的价格，得知你自己想要的计时收费状况。如果前面的内容对你来说就像是一门看不懂的外语的话，那么请重读一遍第3章。

收入并不只会增长，有时还会减少

在图4-5中，低于盈亏平衡点的净收入线往左下方延伸。阴影区域标记为"负净收益＝亏损"。在盈亏平衡点的下面，虚线位于净收入线的上方。这表明，总费用高于净收入。继续往下追踪，净收入线越低，其中到了某一个点，单是固定费用就高于净收入。这种情形是一道亟需解决的实际难题！在持续亏损的情况下，任何企业都无法长时间生存下去。所以我们在第3章中花费大量篇幅来介绍降低各种开支并提高净收入和毛利率（还记得那些覆盆子纸杯蛋糕吗？）从而使企业能够尽快盈利的众多策略。

让净收入线重新滑回至盈亏平衡点下方的原因有许多。以下是我在过去二十多年里见识过的原因，但相信我，这些仅是冰山一角。

- 由于经济疲软使销售量与净收入皆频频减少，从而导致客户需求降低了。
- 变动费用上升，但净收入的增长速度并不快，无法应付那些额外开支。（例如，企业在一套颇为昂贵的网络营销方案上投注了许多精力，钱倒花了不少，但因此而来的新客户并没有几个，或者现有客户也没能使净收入得到提高。）
- 销售人员没有努力跟进潜在客户，因此净收入潜力也无法得以实现，同时企业继续支付销售人员的薪资和福利等开支。
- 在市场上出现新的竞争对手，其拥有庞大的促销预算，并且抢走你的老客户。
- 新的技术发展使原来的产品或服务过时，因此客户失去了兴趣。
- 企业过多专注于旧产品的销售，从而降低了销售量和净收入。
- 企业的服务支持相当糟糕，客户满意度因此受到影响，客户开始购买别人的产品，从而降低了销售量和净收入。

抵达盈亏平衡点需要时间

达到盈亏平衡点似乎非常容易，但事实上，这是相当困难的事情。许多小企业自始至终无法做到，这也是小企业倒闭率如此之高的原因之一。

许多小企业经营者认为问题出在资金上，但事实往往是他们把时间用光了。

达到盈亏平衡点就是与时间赛跑。我们的目标是要尽快达到盈亏平衡，这样在净收入迎头赶上之前，企业才不会被各项开支搞得焦头烂额。大多数小企业在三五年之内难以达到盈亏平衡。花费的时间越多，各项开支对阻碍产生正净收益的效应越来越大。在尽量长的时间内尽可能地降低各项开支，争分夺秒地为企业累积净收入，尤其是在经济疲软的时候。这就是为什么我们在前面的章节里花费那么多篇幅讲述降低开支并提高毛利率的方法的原因。

降低开支，更快达到盈亏平衡点

在达到盈亏平衡点之前，公司的经营地点尽量选择在不需要租金或租金非常便宜的地方，例如某人的家里或车库，从而减少固定费用。这将有助于企业更加快速实现预期利润。

尽可能采用租赁的方式来代替购买设备。也尽可能地聘用外包工作而不要雇佣全职员工。这些技巧可以帮助你减少变动费用。是不是不方便？感觉生活有点紧张忙碌？嗯，两者皆是。

在微软公司（Microsoft Corporation）创立初期，每位员工包括比尔·盖茨（Bill Gates）为了省钱都是乘坐经济舱和吃便宜的午餐。盖茨竭尽所能地节省每一分钱，嗯，看看他最终的结果！如果盖茨因此受益匪浅的话，那么对小企业来说，考虑下这方法也是不错的选择。

康涅狄格州西摩市（Seymour）地下室防水系统（Basement Waterproofing Systems）的首席执行官拉里·杰尼斯凯（Larry

Janesky）是一个天才。他也是我的偶像之一。他在17岁的时候开始创业，带着这种想法从一无所有到销售额超过1亿美元。现在，他把这个要点告诉给每个和他签订合约的人。在他的著作《最崇高的感召》（*The Highest Calling*）中，他告诫小企业经营者在能够支付全部开支，并实现预期净收入之前，暂缓购买崭新的轿车。他建议他们在销售收入累积到具备预期的盈利空间，足以应付随着增长的固定费用之前，坚决抵制租赁宽敞、时髦办公室的诱惑。从成功案例中汲取经验，不要在盲目乐观或无端自负的煽动下提早增加任何开支。省钱方能赢得时间。

迅速达到盈亏平衡点的其他策略

我们在第3章中探讨的提高毛利率、削减开支的策略同样可以用来达到盈亏平衡点。下面是一些策略：

- 注重那些有利润可言且经常光顾的老客户。维护好与他们的关系，设法使自己的产品或服务对他们来说更加不可或缺。这样做能提高销售量，从而促使净收入不断增长。
- 努力销售那些能带来高毛利的产品或服务。
- 如果可以的话，重新协商租赁合同，从而降低固定费用，或者干脆搬迁到租金更低的地方。
- 将全职员工换成兼职员工，节省津贴成本，降低变动费用。做出这样的选择可能并不容易，但请相信我，破产比这困难得多。

经验丰富的企业经营者会特别关注盈亏平衡点，并且不惜一切代价确保企业尽快实现盈亏平衡。

为达到盈亏平衡点所耗费的时间还受到经济的影响。在经济强劲的时候，更容易实现盈亏平衡。随着经济发展，就业前景一片大好，有了更多可供支配的收入，因此消费者增多，购买力增强。在经济疲弱的时候，因为失业率不断上升，消费者的购买力逐渐减弱，想要达到盈亏平衡点就需要更长时间。在经济疲弱的时候，可能开一家公司所需的本金与经济强劲时一样，但净收入线将会更加平坦，而且需要更长的时间才能穿越变动费用线抵达盈亏平衡点。

营销费用是助推力还是绊脚石

营销是一项非常昂贵的活动。你可不是在教堂地下室借来的机器上油印传单，然后每小时付给你的女儿$2.00，让她把它们放在汽车的雨刷下。营销费用会加重企业的资金流失（我们将在第5章中详细地介绍这方面的内容）。你的目标是促使营销费用更加有效地提高销售量。换句话说，就是应当花费尽可能少的营销费用来找到新的客户。

营销费用的关键是获得投资回报

尽管在净损益表中，我们把营销列入变动费用中，但它应当被视为一种投资。投资和费用之间的区别是很重要的。你在私人生活中进行了一项投资，并期望得到投资回报，超越原始投资价值的额外费用就是冒险。经营企业也是这样的。

如果企业花费了$1.00进行推销其网站的活动，而该活动使净收入增加了$5.00，那么企业获得了它的投资回报。如果企业把资金投入到社交媒体的宣传活动中，但网站的点击率并没有增加，净收入也没有增多，那么这项活动的投资就是沉没成本，即没有产生效益也无法收回的一种支出。如果企业累积了许多沉没成本，便更加难以达到盈亏平衡点，然后不得不提高销售量来应付那些额外费用。在净收入没有相应增加的情况下，任何费用的快速增长都非常可能使企业滑落至盈亏平衡点以下，并且出现亏损。

许多小企业经营者掉入了雇用网上推广员的陷阱，最终这项变动费用只收获很少的回报。（那次我在最佳小生意助手网站（Best Small Biz Help.com）上发布招聘信息时，就遭遇过这种骗局。）倘若企业雇用专业的营销人员在线上或线下推广产品或服务，就能确保企业迅速地收到该项费用的投资回报。为此，你必须明确衡量标准。

建立获得营销回报的绩效基准

倘若你把资金投入到一个营销活动中，就应该知道如何衡量由此产生的任何改进结果。对于新的潜在客户的数量，或者注册索要简讯的新访问者的数量应当持有怎样的合理预期值？应当发生在什么样的时间段？在签订合约之前，与你的专业营销人员探讨这些以及其他衡量标准。如果你的人才并不愿意与你讨论这些衡量标准的话，那么你就应该提高警惕了，去寻找愿意承担责任的营销人员吧。

请务必在进行营销活动之前和之后对这些衡量标准进行比较。在活动开始实施的两个星期内，应当看到这些衡量标准得到一一验证。如果营销活动奏效的话，那么可以投入更多资金。倘若60天后都没有一丁点儿效果，则减少变动费用或者完全把它淘汰出局。这是避免营销支出失去控制的方法之一。

关于营销活动的花销是否物有所值，可以采用下面的问题进行衡量：

- 营销效能启动之后，有何改进之处？
- 网站的相关访问者数量有没有增加？
- 这些访问者是否在营销活动开始之前就参与进来？
- 是否寻找新的合格潜在客户的效率越来越高？
- 新客户的质素是不是更高？
- 营销活动是否有助于与现有客户建立更加稳固、更加可靠的关系？
- 是否净收入增多，平均毛利率上升？
- 平均销售收入是否增长（意味着现有客户购买更多产品或服务）？
- 有没有由于这次营销活动而出现重复购买的结果？

重点推销高毛利产品和服务

想要更快达到盈亏平衡点,除了控制成本之外,还得着重销售高毛利率产品和服务,因为它们对支付全部开支的效用更大。如果每单位产品A产生$5毛利,每单位产品B产生$10毛利,那么我们应该重点推销哪个产品呢?如果你的回答是产品B,那恭喜你,答对了,而且俨然第2章确实使你的思维方式发生了变化!每销售一次,单位产品B就获得$10毛利,那是产品A毛利率的2倍。因此,卖出去越多产品B,就能越快达到盈亏平衡点。不妨从另一个角度思考这个问题:具备更高毛利率的产品B的销售量越大,达到盈亏平衡点所必需售出的单位数量越少。

这就是为什么我始终认为企业运营的关键在于毛利率。你所运营企业的净收入至少必须产生不低于30%的毛利率。净损益表对此进行一番测量,现在你知道如何读懂它,也知道如何寻找它,还知道倘若毛利率跌至30%以下应该怎么做。这是一个不小的成果。

把部分或全部建议付诸实践并不容易。但是,当企业的生存受到威胁,任何产品或支出都不是不可变更的,如果它无法提供充足的毛利率来帮助企业达到盈亏均衡点的话。

维持在盈亏平衡点之上

医疗保健专家问:"你知道自己的数字吗?"——意思是指你的血压。在商业领域里,回答这个问题的参照点是,为了使企业保持生机勃勃,支付全部开支所需的保本销售量。这符号标明在那个位置，从客户购买量中获取的净收入与用于运营企业的全部支出费用（包括你希望的高薪）之间实现了一种平衡。

了解盈亏平衡点有助于认识到支出决策的重要性。了解了保本销售量，你可能会问："如果企业多花费了一美元的开支，无论属于固定费用还是变动费用，那么必须售出多少单位的产品或多少小时的服务才能支付那些额外费用？"一旦你弄清楚了必须日以继夜埋头苦干才能吸引新客户，提高净收入来应付全部开支，你可能会不想要承担任何额外费用。维护健康的最佳策略是做好预防措施。经营小企业也是差不多的情况，它的最佳策略就是防止净收入下降，而不是试图把下滑的净收入拉回来。

高毛利始终使承担任何开支变得比较轻松，这也是为什么它是防止跌破盈亏平衡点的策略的重要组成部分。

在第3章中探讨的另一种关键预防措施是，利用多样化客户群保护和稳固净收入。如果某位重要客户产生了超过15%的净收入，而当这位客户决定不再购买，丢失那些净收入会使你的企业骤然跌落至盈亏平衡点以下。

* * *

盈亏平衡点就像是商场地图上的大红色箭头，显示净收入与全部开支相对应。计算出盈亏平衡点的首选是净损益表，它向你提供了确定企业处于盈亏平衡点之下或之上所需的全部信息。如果净损益表显示亏损，审核保本销售量可以得知需要售出多少产品，或必须削减多少开支才能提高利润，使净收益为正数。

关键点

- 盈亏平衡点是指：在这个点，销售收入非常充足，可以承担全部固定费用与变动费用（即包括销货成本的所有费用），而利润为零。

- 成长中的初创企业必须提高净收入，使其位于盈亏平衡点之上才能生存下去。

- 现存企业必须防止净收入跌破盈亏平衡点，才能维持营运能力。

- 降低全部开支并提高毛利率始终是抵达盈亏平衡点的捷径。

- 降低你的开支，提高你的毛利率，从而使你的企业迅速达到并超越盈亏平衡点。

- 保本销售量是指为了达到盈亏平衡点，企业需要售出产品或服务的数量。单位毛利率越高，支付全部开支并超越盈亏平衡点实现盈利所需的销售数量越少。

- 支出费用的增长速度必须始终慢于净收入。

- 在增加任何开支之前，确保已经实现预期可盈利的净收入。

第 5 章

你的现金流量表正在说话
你能听到吗?

正如时速表并不能让你彻底了解汽车的整体状态，净损益表也无法全面地告诉你企业的运营状况。你知不知道一家公司可以处于显示盈利但依旧面临着破产的情形中？这是真的。如果你怀疑我的这一番话，那么问一问弗兰克·卡普拉（Frank Capra）导演的电影《美好人生》（*It's a Wonderful Life*）中的主人公乔治·贝利（George Bailey）。

每年的圣诞节，广播电视都会重温这部经典老片，它永远不会过时。由吉米·斯图瓦特（Jimmy Stewart）扮演的乔治·贝利是贝利建筑与贷款协会（Bailey Building and Loan）的经理。圣诞节前夕，他几近崩溃地发现，他的叔叔比利在前往银行存款的途中遗失了现金$8 000。这是公司的全部现金。当年，那一笔钱可能相当于现在的$8 000万。由于一时疏忽，贝利建筑与贷款协会即将歇业，城镇里几乎每个人都破产了。

乔治觉得万念俱灰。他在当地的酒吧买醉，然后驾驶着汽车撞向一棵树，此时此刻，在刺骨的严寒中，我们的男主人公在吊桥上摇摇晃晃，步履蹒跚。在他纵身一跃，一命呜呼之前，他听到了扑通一声和求救的呼声，随即跳进水里救起一个溺水的男人。在他们擦干身子的时候，那个被救的男人自称是乔治的守护天使，叫克拉伦斯（Clarence），并解释说，他跳进河里是为了阻止乔治自杀。

"你太可笑了，为了钱自杀！"克拉伦斯训斥道，"$8 000。"

"……你是怎么知道的？"乔治问。

"我告诉过你呀，我是你的守护天使，"克拉伦斯一边说一边弯腰贴近乔治的脸，"我清楚你的一切……让我来帮帮你吧。"

"你不会是正好身上有$8 000吧？"乔治没好气地答道。

"噢，不，"克拉伦斯嗤之以鼻，"我们天堂从不用钱。"

"哦，是的，没错。我忘记了，"乔治反驳道，"小伙子，那玩意儿在这里可非常方便。"

是的，我们这儿的钞票确实非常方便。在这一章中，你将会了解到冰冷坚硬的现金为何如此重要。你还将学习如何记录它的行踪，大多数小企业经营者并没有记录它的习惯，直至意识到它的重要性则为时已晚。

现金流为何重要之原因

如果你曾经献过血，你就知道这到底是怎么一回事了。你躺在了一张轮床上，一根针正插入你的静脉，紧接着血液就被抽了出来。但不知道你注意到没有，抽血的医师并不会把你身体内的血液全部抽空。为什么呢？因为如果他们这么做了，你就会死。

现金之于企业如同血液之于你的身体。破产的定义就是指耗尽资金——不是净收入，也不是利润，而是现金。现金管理是维持小企业生存下去的至关重要的任务。现金就像是你汽车里的燃料——使你的企业运转下去的燃料，一切开支都由现金来支付。这就是为什么我们要把现金流量表比作第1章中提到的财务仪表盘上的汽油表。现金流量表表明了你在银行还有多少现金。如果没有足够的现金来经营企业，企业就倒闭了。多么冷酷无情啊！因此，学习如何读懂现金流量表——你的汽油表是一件刻不容缓的事情，这样你才能衡量还剩下多少现金来使企业运转下去。细心谨慎地管理企业的现金状况，可以保护企业的未来，维持偿债能力以避免过分依赖债权人。

现金与净收入并非同一回事

净损益表不会告诉你，你的企业有多少可用的运营资金。相反，你可以假设一下，净损益表上罗列的净收入与银行账户上的现金余额几乎很少相同。一旦达成销售交易，所产生的净收入可能会也可能不会全部转化为现金。如果你卖的是圆筒冰淇淋，通常能够立刻拿到钱款。这一章节所讲的内容并不适用于这种现金交易的企业。但是如果你向你的客户开发票，那么你便不能错误地假设净收入与现金是同一回事，那样它们会累积一起逐渐增长。未偿付发票的现金付款可能在未来的某个时候兑现，但绝不会在预订的那个月进行。又或者，由于获得折扣或某位客户无法付款，因而不是所有净收入都会转换为现金。如果净收入没有及时或全部转换为现金的话，那么可能引发威胁企业生命的现金危机。

现金与净收入差异之原因

造成净收入与企业银行账户上的现金之间存在差异有四个根本原因。第一个原因（在一些情况下）是，由付款条件与发票处理共同作用导致了这种差异：

- 企业以赊账的方式向客户出售产品或服务，以及装运货物或提供服务。客户同意在未来特定时间支付账单。在净损益表上，这种销售业务显示为净收入。但是，客户尚未付款。在现金到位之前，企业都没能从这笔交易中拿到钱。直到客户付账，支票兑现了，它才出现在现金流量表中。

- 从要求客户付款到企业拿到现金付款可能有一个超过30天的滞后期。与上面讲述的赊账情形一样，发票的金额被视为净收入记录在当月的净损益表中，但是要直到一个月后收到付款时，企业才能拿到钱。

- 因为企业尚未寄送发票，所以客户没有付款。客户不知道自己还欠着账，或者顺便忘记欠钱这回事（我不是在开玩笑，这确实发生过）。

第二个原因是，现金与净收入不一致的关键在于贴现政策。

- 采用折扣优惠的原因有很多方面。例如，客户提前付款就有折扣优惠，在净损益表的净收入项并没有记录这点，但付清账单时则会被扣除掉。（其实，净收入是销售收入减去任何折扣之后的所得，如同我们在第一章中提到的一样，这就是为什么被称之为"净"的原因。）因此，净收入可能显示是$500，但银行账户却只收到$450。

- 如果收到残损货品，或对服务不满意，那么客户很可能会就原始发票金额商议付款折扣。在这种情况下，净收入又一次高于最终的现金付款。

关于差异性的第三个原因，你们大多数人都不会感到吃惊：客户的某些行为是罪魁祸首。而那是无数种多么不可思议的方式……

- 由于客户账户中的资金不足，用支票付款被拒付退回。
- 客户长期拖延付款或延长付款时间，可能因为他们并没有足够的现金来支付账单。实际上，他们想要的是无息贷款。
- 客户使用中间商的付款方式，譬如PayPal或信用卡。这些第三方总会抽取一定比例的费用作为付款便利的手续费。企业收到了原始发票的大部分而非全部金额。例如，某个网上零售商的某件商品标价$100，倘若使用了PayPal或信用卡公司（也称"中间商"或"第三方支付公司"）来实现付款，那很可能最后只收到了$94。第三方支付公司赚取了$6差额作为手续费或交易费。
- 你可能会觉得奇怪，既然无法收到全额付款，为什么企业还要接受信用卡或PayPal这种付款方式？基本上有三个原因：第一，因为使用信用卡付款的话，人们更容易花钱消费，销售额将会更大；第二，卖方能够立刻收到现金（用于支付账单）；第三，卖方不需要追着买方讨要欠款，因为风险已经转移给最初核准这笔交易的银行。

- 客户可能订购某类物品或服务，然后在物品或服务交付（同时企业已经承担了成本费用）之后，但在付款到期之前申请破产保护。有一个损失惨重的实例，发生在一位珠宝设计师身上，他是我的小企业客户之一。他与一个知名的零售商签下了价值 $25 000 的订单，但零售商耗光了全部资金，最终宣布破产。这名设计师借钱购买了黄金、白银和宝石来完成这张订单。他老老实实地依照合约把物品发送出去，并真诚地期待能够在发货后30天内拿到货款。可惜不到一个月后，零售商破产了。设计师不仅收不到钱，而且也无法把货物要回来，因为库存已经成为破产程序的一部分了。如果这时候你认为，设计师应当在没有收到货款的时候就自行消化制造成本（我们在第2章中学习到的销货成本），那么你准备获得小企业管理的高级学位吧。事实也正是如此。

- 雪上加霜的是，客户支付了账单，但在付款后90天内申请破产，根据"优先清偿债项"的规定，诉讼监督受托人可能寻求法院干预，把以现金支付的款项返回给债务人的财产。总之，即使收到了客户的款项，但在90天的逾期还款期限过去之前，无法确保支付的现金已收入囊中。对此我束手无策。我有一个很好的朋友，是一家律师事务所的合伙人，专门处理纽约市的信贷征收，使我对这个法律漏洞茅塞顿开。

第四个也是最后一个原因，净损益表上记录的月度净收入与银行账户可用金额不相符合，可能与资本设备成本在净损益表上的记录方式有关系，也就是说，是如何处理折旧资产成本的问题。

- 你的企业购买了一台新电脑，当场现金支付购买这台设备的全部费用。资金立刻减少了采购总金额，这在现金流量表上反映出来。然而，在净损益表中，它只会作为开支被勾销，或以每年折旧费用的形式，被识别为总成本的一部分，直至电脑使用寿命结束为止。为什么呢？美国国税局（IRS）要求企业依照电脑的使用寿命每年对电脑进行折旧减值，在净损益表中把折旧认作非现金费用。

或许你对折旧的概念兴趣浓厚，就让我们更详细地了解一下它吧。这样的探讨可能看起来非常熟悉（我希望如此），正如我在第2章中谈到的一样。在第2章中，我们讲到在净损益表中，折旧被视作固定费用或变动费用。在这里，我们讨论折旧是如何导致净收入与可用现金之间出现差异。在上面的例子中，由于日久耗损与陈旧，年度折旧降低了电脑的价值。因此，在购买电脑的那一年里，净损益表中显示的费用与同一台设备的现金支出并不相同。在购买电脑当月的现金流量表上，资金减少了所购买电脑的全部金额。但是如果立刻确认设备的全部开支，支出会显得比实际更高。在净损益表中，仅在购买电脑那年显示其当年折旧开支。

只要知道，这是现金流量表中记录的年度流出资金可能比净损益表上显示的支出更加高的另一个原因。

正如你所看到的，许多情况都能造成净收入与公司保险箱中活生生的现金之间存在差异性。决定你的企业是否能够生存下去迎接新的一天，与现金流量表的内容有很大关系，以及企业银行账户在年末、季度末、月末和周末时的资金金额。（顺便说一句，你真的应该在每个星期末去查看一下这个金额。我需要特别强调这一点。）如果你能够设法在每个期末都保持正常的现金状况，那么你的企业就能生存下去，顺利渡过入不敷出的那几个月，甚至是净损益表显示出现亏损的时候也没问题。但是如果你没有这么做的话，你的企业将无法生存下去。

关于收付实现制与权责发生制会计你需要了解什么

我应该指出，企业的净损益表与现金流量表之间的差异，也受是否使用收付实现制或权责发生制会计来记录如何与何时产生销售额与支付费用的影响。

大多数小企业使用**收付实现制会计**，因为它比权责发生制更加简单。收付实现制会计在客户付款与支付账单时记录资金的流进与流出。根据这种方法，在客户支付发票之前，并没有将销售得来的净收入记录在净损益表上。同样，在账单得到支付之前，也不会把开支记录在净损益表上。这种方法导致企业的现金状况一目了然，并促使净损益表与现金流量表紧密跟踪各类信息。

收付实现制会计的问题是，对产生利润与现金的特定时间没有提供最精确的描述。首先，它没有准确地记录销售周期，即客户购买产品或服务的实际日期。它仅记录客户支付账单的时间，那可能已经是实际购买日期的几个星期或几个月之后。这可以使客户支付账单的那个月份看起来比实际情况更加盈利。其次，事实上，在资金流进流出的情况下，收付实现制会计使企业对即将到来的交易视而不见。例如，它不会显示客户即将支付的款项（应收账款）。它也不会显示企业依据承付款项即将支出的费用（应付账款）。我们将在第7章中详细探讨资产负债表的时候再深入地讲解应收账款和应付账款。现在，只需要知道收付实现制会计没有记录企业的应付款，也没有记录客户的欠款。也就是说，尚未发生的现金事件不会被列入财务报表中。但是，这些即将发生的现金事件会对用于运营企业的可用金额产生深远的影响。小企业的经营者必须非常细心谨慎，否则收付实现制会计会使他或她遭受出其不意的袭击。

例如，几年前，我为纽约市的一家网络公司做一些咨询类的工作。我问一位委托人，就凭目前的现金储备，他们的企业能坚持几个月？他说："18个月。"这意味着，企业可以在没有任何收入的情况下，连续运营18个月，包括支付一切费用。这给我留下了深刻的印象——这对一个刚刚起步的公司来说，那是相当充足的资金状况。然后我和记账员聊了一会儿。我慢慢发现，这个公司有数十个分包的程序员，他们的工作辛苦繁重，经常加班加点。公司还没给他们发工资，而他们的薪酬正在迅速累积起来。记账员告诉我，事实上，公司尚有 $500 000 的未付费用——这对一个没有产生任何净收入、正净收益或现金的企业而言，$500 000 是个天文数字。很明显，这家公司只拥有坚持3个月而非18个月的运营资金，包括应付一切开支。

他们的收付实现制会计系统并没有告诉经营者，实质上应当支付给程序员的现金已经被花费掉了,即便还尚未开立支票。如果这家公司使用了权责发生制会计系统,这笔逐渐增长、惊心动魄的开支就出现在资产负债表(我们将在第7章讲解资产负债表)的应付账款部分,资金也得到了相应的分配。

无论是否已经发生现金交易,**权责发生制会计**制度(系统)按照时间顺序记录全部销售与开支。只要货物被运送出了门,或已经发送了发票,所得的净收入就被记入账册,不需要等到收到货款的时候。同样,供应商或分包商的账单和发票一旦到期,立即在账册中记入这笔开支,不用等到企业支付款项的时候。这样更加精确地记录了客户购买与付款的时间以及支出费用到期的时间。权责发生制会计解决了记录下来的净收入和支出费用与可用的运营资金之间的时间差异问题。这就是为什么使用了权责发生制会计,净损益表与现金流量表的记录不会那么详尽的原因。权责发生制会计是比较保守的记账方法。使用了这种方法,不会发生令人不悦的意想不到的事。

权责发生制会计更加清晰、全面地展示了企业的真实现金状况。(你的会计师对这类事情了如指掌,可以向他或她询问当前使用的是哪一个。)为此,我建议每一个企业,尤其是那些每年创造的净收入超过$100 000的企业,如果可能的话,使用权责发生制会计而不是收付实现制会计。如果你所经营企业的净收入在500万美元以上,可能法律会规定使用权责发生制会计。让你的会计师来告诉你这些以及其他任何法律规制。至少现在,当你再次听到这些术语的时候,你不会再是一头雾水。

现金流量表的运作原理

现在，你应该知道现金的重要性了。你必须管理好你的现金状况，那其实是非常简单的事情。现金流量表就像是汽油表，它会告诉你，在需要再次加油之前，你的企业确切能够走多远。只有当资金转手的时候，现金流量表才会进行记录，无论是收到的付款还是实际支出的费用。

现金流量表看起来很像是企业的对账单。通常，从现金的期初余额开始，我们称之为"**期初现金**"。接着各种不同来源的现金流入企业，那就是"**流入现金**"（或"收入现金"）。然后企业用掉这些现金来支付各项费用，这就是"**流出现金**"（或"支出现金"）。 记录下这些流进和流出的现金之后，从期初现金中扣除掉，剩下的就是"**期末现金**"。这是非常直观的。下面的例子是一家虚拟的摄影公司，One-Woman Photos的月份现金流量表：

	1月	2月	3月
期初现金	$10 000	$6 000	$5 000
流入现金	$3 000	$4 000	$10 000
流出现金			
租金支出	($5 000)	($5 000)	($5 000)
保险支出	($2 000)	000	000
期末现金	$6 000	$5 000	$10 000

收入现金

让我们从1月份开始弄清楚究竟是怎么回事。这份现金流量表告诉我们，One-Woman Photos公司年初的账户余额是$10 000。下一行告诉我们，公司收到了一些现金付款——确切是$3 000。这些付款很有可能来自于它在11月或12月发送出去的发票。支票清算完毕，这位摄影师或公司老板，我们叫她"达拉"吧，能够把钱存进她的账户了。这是一件多么美妙的事。这就是流入现金。

现金流入企业的原因各种各样，以下是最有可能的理由：

1. 客户支付账单。
2. 企业收到某种退款或退税。这也不错，但这通常是一次性事件，因此很可能不足以在未来成为可预测的重要现金来源。
3. 企业进行了富余现金的投资，从而产生了一些利息，便被存进了企业的账户里。倘若银行提供的存款利率非常低，这种储蓄回报可以忽略不计。倘若银行的利率比较高，就像20世纪80年代初那会儿一样，那么现金储蓄的回报可能相当可观。

正如你所看到的，现金流量表的前面两项是非常简单的。现在你知道了期初现金余额以及1月份流入企业的现金是什么了。

支出费用

现金流量表的下一条目记录的是被用于支付费用而流出企业的现金，

或称流出现金。这家摄影店每个月的固定开支包含$5 000租金，还有1月份到期的保险费用$2 000。保险费用也属于固定支出，但与租金不同，它是每年而不是每月支付一次。

请注意，并非所有费用都需要每个月支付。例如，汽车保险通常就是每半年（一年两次）支付一次。责任保险（保护人们在营业场所免受意外事故）则通常一年支付一次。值得庆幸的是，这类较少出现的开支大部分是固定的且可预测的。由于诸如租金之类的固定费用是每个月固定支出的，你知道，你会在现金流量表上看到一模一样的数字。如你所知，间接变动费用往往会跟据企业创造的净收入数额而变化（因而被那些设计师命名为"机灵鬼儿"）。营销费用也属于这一类项，譬如制作网站的费用和员工的薪酬。这些可变的运营开支有点儿难以预测，但是其中一部分还是可以控制的。举例来说，小企业的经营者可以选择是否雇佣员工，或者是否把资金投入网上营销活动。

期末现金

现金流量表记录了支票签名当月已经发生现金交易时企业支出的费用。从期初现金中扣除掉支出费用或流出现金，并加上收到的付款，即流入现金之后，现金流量表的最后一行显示了当月的期末现金余额。在达拉的例子中，1月份的现金流量表显示，她的期初现金是$10 000，收入现金是$3 000，支出费用高达$7 000之多，到了月底只剩下$6 000的现金余额。

请注意，1月份的期末现金余额则成为了2月份的期初现金余额。弄明白了没有？2月份从$6 000开始。企业收到流入款项$4 000，支出费用

$5 000，2月份月末的结余是$5 000。

现在，如果整个2月份期间，达拉都没有收到任何现金款项，会出现怎样的情况呢？

2月份现金流量

起始现金	$6 000
流入现金	000
流出现金	$5 000
期末现金	$1 000

这样3月份的起始现金是$1 000，而不是$5 000。现在想象一下，公司的3月份仅从$1 000开始，然后整个三月份都没有任何现金进账，还需要负担$5 000的支出费用。这是关于现金短缺的一个很好的例子。在连续两个月没有流入现金之后，为了承担支出费用，公司要么必须获得贷款，要么关门大吉。现在，你知道为什么大多数小企业经营者都患有失眠症了吧。

巧法预算现金

因此，现金流量表成为了极具价值的企业管理工具。现在，你了解现金流量表的内容，可以利用那些信息开始对流入与流出企业的现金进行预测。你能够在出现资金短缺之前，预测季度与年度资金需求并对它

起始现金　　流入现金　　流出现金　　期末现金

们进行管理，而不是在毫不清楚每个月还剩下多少可用运营资金的情况下盲目驾驶。当现金流比较紧张的时候，现金流管理的圣杯进行了精确的预测，并创建能够满足上述期间现金需求的预算。

不要被吓倒，制定现金流预算并不难。在每年的年底，可以要求会计师把年终净损益表和现金流量表打印出来给你。然后以这些报表为基准，预测未来一年的现金流。你可以在计算机上创建一个电子表格或手写下来。把一年12个月按顺序放在表格的顶行，并把"流入现金"与"流出现金"放在左栏中。

首先列出应付的支出费用，并根据前一年的数字，估算出大概的金额。租金、网站托管费用、薪资与电费等的预测应当非常简单（固定费用又名你的"每月的坚果"）。如果没有悬而未决的审计或诉讼，法律费用与会计费用也很容易计算。在你认为需要支付的月份栏里放下任何非月度支出费用，譬如保险费用。

你知道的，接下来估算的是变动费用。变动费用一般包括电话费、兼职员工开支、差旅费、交际费、日常用品费、设备维修、市场营销与网站托管费用，甚至包括员工节假日聚会所需的费用。确保运营企业所需的全部类别都一应俱全地罗列出来。为了准确地估计这些支出费用，查看去年那些类别的支出费用，并考虑在即将到来的这一年里是否会升高或降低。尽量保守一点儿。如果出于某些原因，你认为它们的价格会更加高（想都不必想，一定会！），或者你的花销会更加大（完全可能！），那么把估价调高。

接下来的部分十分有趣：规划流入企业的现金。这稍微有点难度，因为它取决于销售努力的有效性、客户支付账单的时间与付款的方式（采取折扣优惠；使用第三方付款供应商），当然还要看应付款项是否清偿。下面是预测流入现金的两个非常实用的方法：

1. 假设从销售额作为净收入被记入净损益表到那些销售额转换为现金流量表上的流入现金之间有一个至少30天的滞后期。
2. 假设净损益表上的收入仅90%会转换为流入现金，无论是由于中间商抽取手续费还是我们在前面讨论过的其他原因。

净损益表可以帮助你粗略了解在下一年的每个月中净收入大概是什么样的情况。由此可以预测到，其中每个月净收入的90%左右转换为下一个月现金流量表上的流入现金。在你的现金流预算中写下这些预测。

例如，One-Woman Photos通常在3月份才接到毕业照拍摄业务，开始做毕业纪念册的生意。她在4月份拿到了照片样片之后就给客户开了发票，然后客户在5月份或6月份支付款项。自从发票发了出去之后，这些交易的销售额就作为收入被记录在4月份的净损益表上，但是达拉在5月份或6月份收到客户的支票并结清账单时才把它记为现金流量表上的流入现金。如果达拉试图预测何时才会收到繁忙的毕业照拍摄季的现金，那么她必须考虑到时间滞后这个问题。如果她能够合理地估算下一个4月份的收入情况，那么她就能把这个收入金额的90%作为流入现金写入5月份或6月份现金流预算中。

一旦预测出企业的支出费用（流出现金）与收到付款（流入现金），你就能发现期末现金很可能严重不足的时间。这些月份被亲切地称

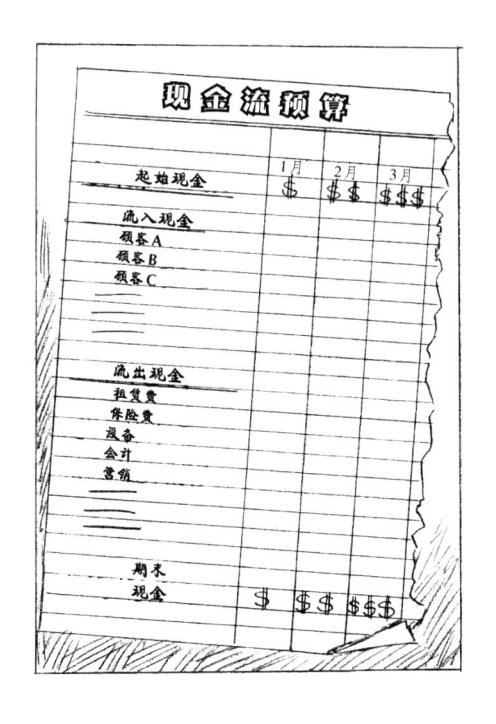

为"瘦身月"。

例如，我们看到，达拉的各种保险费（责任险、健康险、盗窃险等）在1月份到期，这是一笔相当沉重的开支。在摄影生意中，1月份属于销售淡季，因为人们还在试图消化圣诞节的开支，基本上没有什么购物欲望。与此同时，还需要支出大量现金来应付巨额保险费。达拉知道，在接下来的一两个月里，流入的现金绝对无法填补这项开支。

从这一点上说起来，现金的流入通常在春天和夏天才重新恢复活力，她需要正确判断在此之前如何支付费用，以及如何对资金进行严格控制。例如，达拉也许能够商定延迟支付其他费用或者改为每月分期付款，以便有助于在入不敷出的季度中节省资金。在每年的第一季度，达拉还需要实施一些花销约束，以及不要进行打折消费，即使大幅获得折扣的便宜是多么吸引人的事。如果12月的期末现金余额表明她有足够的余粮应付一切开支，而无须提供一些补给来维持企业的生存，那是最好不过的了。

正如我之前所说的，每一个企业都会有入不敷出的月份。消费者的购买行为具有季节性，大多数企业也有它们各自的旺季和淡季。净收入强劲的旺季是投资企业的时期，在那个时间段里，企业创造最高的销售额，接着，一个或两个月后，流入企业的现金最多。

在淡季期间，明智的做法是要严格控制支出费用，不仅仅控制开支的大小，还包括调整付款的时间。在客户偿清账单、资金回暖之前，不要支出不必要的花销。这将减少运营企业所需要借入资本的金额（和相应的利息费用）。这还将更好地管控企业的流入现金向流出现金转换的时机，并有助于避免由于客户陷入艰难时期，而因此面临着本应流入的现金意外地没有着落，或者出现意料之外的支出费用（呀！屋顶漏雨了！），从而导致破产。

避开烧钱的陷阱

下面是小企业耗尽资金，狠踩破产油门的一些常见方式。纵然我只是列举了一二，但我能够就此话题单独另写一卷。

切忌聘用了顾问却没有衡量标准

黛娜是一个了不起的专用软件设计师，也曾犯一个不该犯的错误。她的公司本应每年创造2 000万美元的净收入；她本应是与世界各地的500强公司一起合作的。然而事实正好相反，她还是只能在办公室里继续埋头苦干。黛娜期望所雇佣的公关公司能对销售工作有所助益并带来一定的净收入。该公关公司总是说"只需要几个月"就能完成任务，3年来他们都用着这样的借口蒙混过关。每个月$1 000的薪酬，你可以迅速计算出她在这个装模作样的幌子上投入了多少金钱。诚然，公共关系工作需要一段时间方显真章，其效果应当是在3~6个月内就开始初见端倪。

建立问责制吧！提前确定如何衡量他们工作的绩效，以及是在什么样的时间框架中进行衡量。取得成功的衡量标准之一是，有多少人听过、看过或体验过你的品牌，这是公共促销活动的一个直接结果。另一个衡量标准是净收入是否相应增长。如果一个合理的期限过去之后，还无法满足这些指标，就让这家公关公司滚蛋吧。

切忌聘用了销售代表却没有问责制

约翰是一名建筑师，聘请了一位口齿伶俐的销售人员。在为约翰带来任何收入之前，这位销售人员就设法把固定工资谈至每年 $150 000 加奖金。这份工作干了4年之后，这位销售人员给公司拉来的业务甚至连工资加奖金这笔开销的一半都不到（请记住，雇佣全职员工的成本约莫是他们薪酬的两倍）。因此，约翰承担这位销售人员的薪酬与奖金的总成本是，保守估计，每年 $250 000。把这高达 $1 000 000 的 1/4 乘以4年，你可以算出公司的这笔总支出费用是 $1 000 000 美元。这是一笔大投入！

倘若你选择聘用全职销售人员或销售代表公司，尽量弄清楚在什么样的时间框架中如何衡量他们的业绩。不要害怕询问何时才能看到这些成果。把至少一部分销售佣金与产生的业绩捆绑在一起，这样才能激励员工能努力地工作。

切忌聘用海外人才

许多小企业雇用的人员遍布世界各地，因为他们的时薪比北美低很多。但是，倘若你聘请了一名海外员工，那么你就是把自己的生意交给另一个时区的人来处理。他或她脱离了你的监管，使用不同的语言，有着不同的文化价值,并可能具备或不具备从事这份工作的能力。我所发现的是,尽管时薪比较低,但他们需要花费两倍的时间来完成工作。其结果就是,你会耗费比预期更多的资金,而且还由于那些凌晨三点的电话会议而失去优质睡眠质量。

三思而后行吧。尽管,我对企业家与畅销书作家蒂姆·费里斯(Tim Ferris)十分尊重,他是这方面积极的倡导者,但这种做法的成效却总是差强人意。我听取了他的建议,一个月后就后悔为此花了 $1 500。是的,我还是觉得睡眠是神圣不可侵犯的。

切忌建立对你而言太过超前的网站

如今,软件的选用日新月异,知道什么软件才最适合自己公司是一件极其艰难的事。技术人员喜欢使用最酷、最新的软件。那些软件可能非常酷,但往往是未经验证的。我历尽了千辛万苦领悟到,未经验证的软件提高了网站崩溃的风险,倘若你上传了视频、音频,或者没有按照程序操作,一旦发生了故障(它们总是这样),你必须聘用非常昂贵的软件工程师,其需要构建自定义代码来将这个软件与你的手机应用或网站结合在一起,然后重新培训你的网络管理员进行更新。这类软件工程师的收费是每小时150美元,你会发现就在眨眼之间,成千上万的钞票已经飞出家门,消失殆尽。这个过程还有额外的风险:你会花费了太多时间来进行 Web 项目的管理,从而耽误了可以带来利润的活动,如拜访客户。

切忌追求网络广告与社交媒体的"灵丹妙药"

网络广告与社交媒体营销方案看起来非常诱人，但倘若没有加以有效的管理，它们会促使支出费用迅速上升，并导致大量时间流失。为你设计和执行网络营销方案的网络营销顾问也很危险，雇用SEO（搜索引擎优化）专家同样如此。无论网站的统计数据是否得到提高，也不管你的净收入是否有所增长，你都得支付给这些人一大笔钱。你会看到运营支出费用急剧上涨。

你无法逃避互联网和社交媒体，但你必须确保自己知道如何衡量这些方案的绩效。如果其中某一个或几个并没有向企业提供真正价值的话，你必须知道何时终止业务。

当然，还有其他一些耗费资金的方式，我希望你能尽量不去招惹它们。

不要误会我的意思——我并非告诉你永远不要聘请顾问、海外人才，或时髦的网站设计师。我只是告诉你，应该像对待至关重要的命根子一样对待投资到这些人身上的资金。为了企业的生存，这些现金投资必须及时地产生足够的流入现金重新返回企业中。在经济不景气时期，每一分钱都很宝贵。因此必须实行绩效风险控制，制定明确的绩效基准，并确保薪酬合同并不会使你必须一直给低绩效的员工发薪水。尽量保持公司的网站简单且易处理。利用产品目录测试一下市场，然后等到访客的数量飞速增长时，再投入大量的资金建立闻名遐迩的网站。并非你所尝试的东西都会获得成功，但是，控制危机并保护企业的生命则是完全由你这个小企业经营者来决定的。正如一位事业有成的企业家告诉我的：最成功的小企业经营者一定不会是那些从没犯过错误的人；他们是那些会迅速纠正错误的人。但愿你能成为其中一个。

关键点

- 正利润值使企业免除破产。持续良好的流入现金大于流出现金也同样如此。
- 记入账册的净收入几乎不可能在同一个月内转换为现金。
- 净损益表测量净收入与净收益，现金流量表测量资金流。
- 在净损益表与现金流量表中，库存现金的金额完全不同，这取决于客户购买时间，付账方式与时间，以及企业支付其账单的时间。
- 权责发生制会计，而非收付实现制会计，让小企业经营者对自身的现金状况的了解更全面更精确。这种会计核算方法记录了即将发生的应收款项与应付异动明细。
- 现金流量表就像是个人银行账户的支票登记簿。它记录了期初现金、流入现金（客户付款）、流出现金（支付费用）与期末现金。
- 当月的期末现金就是下一个月的期初现金。
- 每个星期与每个月末都要查看一遍现金流量表，以及当月的净损益表。
- 提前预算流程有助于事先知晓哪几个月的期末现金比较高，哪几个月又比较低，这可以帮助你在资金短缺威胁到企业生存之前及时采取纠正措施。

- 从客户购买之日起至企业收到付款期间，假定30天滞后期。
- 假定10%未结清收入不会转换为现金，无论是因为使用的付款方法的问题，还是由于客户遭遇了资金短缺。如果企业能够把所有收入都转换为现金，那实在是可喜可贺的事情。这也是非常罕见的。
- 严格控制各项开支始终是节省资金的方法。而节省资金是在任何经济状况下能够保持生意蒸蒸日上的关键。

第6章

管理好你的现金流

多多益善

通过上文，你应该知道怎样读懂现金流量表以及如何利用现金流量表构建现金流量预算了。希望你能够明白，保存现金对企业的生存来说是至关重要的，也希望你还确信严格管控现金流出状况的重要性，这样各项开支才会都被用来运营企业，而不是让这宝贵的生命元气被消耗殆尽。

现金流量管理的核心是现金循环周期。在大多数企业中，现金循环周期是基于**付款条件**（其中表明了全额付款的到期日期以及在什么条件下有折扣优惠）而不是简单的现金交易，一般流程如下：

1. 确定达成交易；
2. 装运物品或者提供服务；
3. 一旦完成交付，清晰阐明付款条件的发票随即被发送出去；
4. 付清发票金额之后，这笔现金就被存进了企业的账户中；
5. 现在可以支付运营费用了。

在理想的世界中，这个循环周期能够非常顺畅地运转下去。但在现实生活中，整个流程就问题百出，几乎步步惊心。因此，必须步步为营，管控好每一个步骤。许多经营小企业的人误以为，改善现金流的唯一途径就是改变这个循环周期的第一个步骤：提高销售量。不过，正如你在上一章中看到的，记入净损益表中的销售收入越多，并不会有更多的现金自动存进银行账户中。有众多因素影响着收入转换为现金的方式、时间与可能性，而这些因素都是在第一个步骤之后才开始起作用的。授信、开发票原则、应付账款政策、与客户打交道，以及与供应商、银行和内部员工谈判等都属于管理规程的一部分，这对现金循环周期有着直接的影响。如果这些都得到妥善处理的话，那么企业可以从现有业务中实现现金流量的优化。从现有业务中得到可持续的现金流能够降低提高销售额或借入外部资金的压力。倘若现金循环周期运作不当——这常常是被人们完全忽略的情况，那么企业定然会遭受资金短缺之苦。

在本章中，你将会学到一些易于执行的策略来精简现金流量管理，并最大限度地提高企业产生的运营资金额。

现金流入的管理

正如你在前面的章节中所看到的，现金流入企业的主要理由是客户支付了他们的账单。你也看到了，收入与现金之间出现偏差的最常见原因不外乎与客户是否付款以及付款的方式与时间有关系。显然，收入转换为现金以及改善现金流量与促使客户支付账单，尤其是准时付款有着非常密切的关系。

你知不知道,如果自交付之日起30天内,企业没有收到所交付产品或服务的付款,那么看到那笔钱的概率会显著下降?倘若同样这些发票在60天后还没有被偿清,客户支付这些账单的可能性进一步下降。过期尚未付款的发票可以威胁到企业的生存,因为你或者已经把货品发送出去,或者已经完成服务,但却没有现金流入进来。(是的,你想想看,"过期"确切意味着什么:这些发票正在慢慢变老。)

不幸的是,许多小企业最终在苟延残喘中关门结业,因为在如何拿到付款的问题上,这些经营者经常深受以下误区之害:

误区:如果出色地完成货品的交付,客户就会自动结清账单。

真相:如果你经营的企业并没有任何应付账款政策,须阐明每笔交易的付款条件。或者,若没有把这种政策明确地传达给客户,那么无论企业如何出色地完成交付也于事无助。虽然你手里拿着一叠发票,但它们可能会也可能不会得到偿清付款,你最后还是可能破产。

误区:如果企业把最终成品交付给客户,那么客户就会知道自己在这个项目上还有多少欠款,并准时支付账单。

真相:只有发票才会触动付款周期。客户在收到发票之前没有支付账单的义务。如果发票没有包含完整、精确的信息,或者没有及时发送给客户,那么无法确保客户会在正确的时间支付正确的金额。如果项目结束之后发票已经被发送出去数天、数星期或数月,那么猜猜看何时能够收到付款?比到期之日晚数日、数星期或数月。

大多数小企业没有应付账款政策（或收账政策），那么应付出许多努力把它有效地传达给员工、供应商与客户。此外，大多数小企业，尤其是服务行业的企业，并不在完成工作的当天把发票发给客户。这种做法相当于使现金流切腹自尽。客户不会照料你的现金流的健康状况。那是你自己的工作。

尽职审查

或许，保护现金流最显而易见的方式就是，尽可能地避免与可能赖账的人做生意。银行把这作为基本程序之一，是基本的风险管理。银行会审查企业的信用记录，以确定它是否具有履行其付款义务的良好口碑。企业提出了订单的付款条件，实际上等同于一家银行，向客户提供了无息贷款。在客户支付账单之前，企业必须先垫付已售货品的成本以及负担一切运营开支。如果有一新的公司客户向你表示合作意向，请预先做好审查工作。即便这是一位大名鼎鼎的客户，也要与它的其他供应商核实一下，以确保该客户不会赖账。如果该客户是一家私人控股公司，要求它提供三个证明人供你联系，以确保他们不会突然消失。然后，继续采取实际行动，给他们打电话。这花费时间吗？是的。但从未付发票中寻获补偿也是相当耗费时间的，预先风险管控始终是值得的。

经营Bedazzled, Inc.的时候，我们向数百间时装精品店供货，其中大部分是归属于个人所有，只不过冠上公司的名头开展业务而已。在佛罗里达州有一家服装店，最初以货到付款（C.O.D.）的方式向我们购买T恤衫。半年多过去了，我们总共向他们发了四次货，金额一次比一次大。对于前三次订单，他们都是一收到货就立刻给我们准备支票。然后，鉴于树立了良好的付款信誉，他们对第四张订单提出了30天延后付款条件。猜猜看接下来发生了什么？他们再也没有向我们支付第四次——金额最大的货款。

20年过去了，一想到那张未付款的发票，依旧能让我大动肝火。这是我的错。在事发之后，我询问了跟这个家伙合作过的其他三个供应商，看看它是否只对Bedazzled下手。他们纷纷表示，手头上都有他未付款的账单。具有讽刺意味的是，那家时装店老板早就把这些人的联系方式给我以供核查。他打赌我不会跟他们联系，他赢了。我从中汲取了一个异常昂贵且永生难忘的教训。如果我预先做好审查工作，就能为企业挽回数千美元的损失。我想我是太过忙碌了，不过不要再犯相同的错误了。

我历尽千辛万苦学到的另一个教训是：当潜在客户抛弃你的竞争对手而投奔向你时，先不要欣喜若狂。弄清楚他们离开另一家公司的原因。在某些情况下，他们离开是因为他们有赖账的坏毛病，他们在寻找新的供应商，会向他们寻求……嗯，永不偿还的无息贷款。

制定应付账款政策

任何企业都需要制定应付账款政策，明确规定全部交易的付款条件。客户需要确切知道，对于已提供的服务或已交付的货品，你期望他们的付款时间与方式。显然，传达这些需求与期望对管控现金流风险是必不可少的。

下面是制订与传达有效的应付账款政策的一些关键指标：

- **了解你所在行业的一些应付账款政策。**每一个行业都会有针对应付账款政策的标准操作规程，大多数商会都能提供这类资讯。在你的行业中，通常情况下的付款时间是否为30天？他们是否提供提前付款的优惠？行业标准各不相同，了解清楚是你的职责，这样才能配合这些期望制定你的政策。

- **应付账款政策须能为一些可变因素作出调整，譬如订单或项目的大小以及不同类型的客户等。**你的会计师可以帮助你量身定制这份应付账款政策，它不仅符合行业标准，而且专门为你的销售与客户服务。或许，你的付款条件还必须根据客户的类型如大客户、多次购买客户、长期忠实客户等而有所不同。你也可以对大订单实施有所区别的条款。

- **制定的应付账款政策须对持续数个阶段或数月的项目要求首次保证金与特定的分期付款。**如果你对新项目进行了时间与资源的分配并把它列入日程中，客户应当支付一定的预付金以表示诚意与郑重其事。存入初次保证金之后，必须按照合同中注明的循序渐进的阶段性完成目标发出发票，从而使交付服务的支出费用与流入现金付款保持同步。这降低了支付风险与机会成本。如果客户决定撤销项目，企业至少收到了前期完成工作的一些报酬。

- 下面这个真实的，令人十分苦恼的故事证明了这一点。我认识一个设计师，她花费了6个月的时间致力于一个网站的设计。她投入了数百个小时为客户创建了既漂亮又实用的网络资源。完成全部工作之后她向客户发出了账单，但始终没有拿到应得的报酬。如果她曾经起码尝试要求支付合同定金的话，那么在开工之前她就会得到一个暗示：这个客户对支付账单的事一点儿都不认真。不要跌入这个陷阱，坚持首次保证金。

- **不要让应付账款政策成为保守的秘密**。在公司的所有合同中清楚地写明应付账款政策，从而使客户在签名的时候就预先知道：他们必须在什么时间以怎样的方式偿清你所发送的发票。不要等到客户已经购买了产品或服务，发票到期了，你正四处追讨欠款时再来传达付款政策。

- **向客户以及所有有关各方传达应付账款政策**。你的全部资源支持人员与分包商必须清楚应付账款政策的相关内容。你的记账员应该知道。你的会计师应该知道。所有兼职或全职员工都应该知道。应付账款政策是企业特性的一部分。

- **抓住一切机会强调应付账款政策**。把应付账款政策打印在发票的页尾或正文中。必须提醒所有人你对获得报酬高度重视。如果不这样做的话，客户怎么会认真对待？

设计你的发票

没有什么比企业的发票政策更能直接影响现金流。下面是设计发票的一些主要的指导方针，它们竟然会使客户眉开眼笑地拿着真金白银来购买你那令人惊喜的产品与服务：

规则 1：端正态度

满怀信心，而不要诚惶诚恐地发送发票。如果企业交付给客户的是优质的产品或服务，那发票只需表明这是价值交换即可——拿企业的技巧换取客户的金钱。不要害怕向客户收费，更不要迟疑等待。

规则 2：列明利益

发票不仅仅是所提供服务的账单；它是把客户收到你所提供的利益与你要求客户支付的价格之间两个点连接起来的战略性文件。记住，顾客并没有聘请你为他们工作，他们只是雇用你交付最终成果。那些成果就是客户收到的最终利益，期间你付出了经验、艰苦工作并解决问题。首先，确保清楚描述了客户所获发票中囊括的工作的最终利益。你是否曾经设计过导致网站流量激增的新页面？你是否为了捕捉新婚的喜悦而按下100次快门？你是否为了改善家门口的安全而修缮了5平方米损坏的地板？在发票中要求支付的价格上面直接写下利益。

接下来，向客户展示完成工作（实现最终利益）所投入的实际技能、人力和专业知识以及做出的牺牲。如果员工的工作小时数意义重大，那么一定要把它们写在发票上。罗列客户收到的利益以及完成项目所需的努力，这种策略是给无形的东西赋予价值的一种方式。

等到客户看到发票上价格的时候，他们知道自己确切花钱购买的是什么。你经营的企业将更快拿到报酬，而现金流也会得到改善。

规则3：量化利益

客户看到服务的价格就裹足不前，许多有创意的人才因此遭受到侮辱。然而，这只是人类的本性。客户需要你把完成出色的成果所必须付出的努力量化。

节省是客户喜闻乐见的另一大利益。许多人一旦得知自己只是花了一点钱却收获了巨大的价值，他们会感到相当大的满足。这就是你想要给予客户的感觉。如果项目的收费是$1 000，而同时你帮客户节省了$10 000，那么应当把每次的节省费用记录在发票上。如果你提前完成工作，那么在发票上表明节省的天数或周数。如果在预算之内了结工作，那么注明原始报价与最终价格之间的差额。如果作为项目经理，你决定"捐献"两个小时来完成客户的项目，那么在发票中标出两个小时并注明它们所代表的价值，然后划掉那个成本，换成"免费"或"0"成本。客户会立马看出他们节省了多少。

我总是在发票中加进一行备注，提醒客户我完成这项工作仅仅花费了其他同行所需要时间的1/4。相对于时薪来说，我的收费不菲。但按照总成本计算的话，客户简直赚大发了。我会在发票中清楚说明这一点，从而使客户觉得他们的钱花得实在是物超所值。

规则4：个性化发票

如果你的工作团队一共有3个人，那么列出他们的姓名。客户就会知道他们的项目并非一件商品，而是由在乎成果的活生生的人精心运作。史蒂夫·乔布斯（Steve Jobs）就是这个观点的狂热信徒——他最初的设计团队成员都在第一台苹果电脑的内部签下大名。这是对所创造物品的骄傲与自豪。

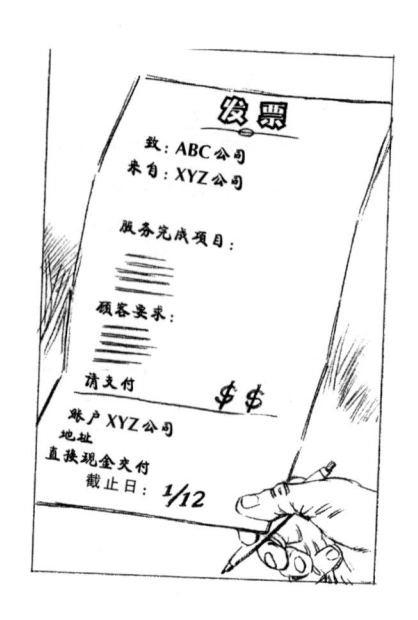

发票成为企业交付给每个客户不同价值的流水记录,即完成某个成果的证据。列出客户所收获的利益是把自己产品或服务与其他同行区分开来的关键。它会提醒客户你所经营企业的与众不同之处,以及比其他同行更加专业的地方。它还支持溢价标价策略,那是获得稳固的时间投资回报的关键。发票对建立企业的信誉有所帮助。

开具发票策略

现在,你知道如何进行发票的设计了,那让我们来探讨一下递交发票的时间与方式。

同日开发票

服务行业内的企业应当在为客户提供完服务当日向客户开具发票。

然而，遵循这项简单规则的企业甚少，这太令我震惊了。不要在完工之日等到太阳下山了，还没有向客户开具发票。

我聘请了一位网站开发工程师为最佳小生意助手网站（Best Small Biz Help.com）工作，他连续9个月都没有向我开过发票。他的公司本应当收到这几千美元，事实上却没有。对我来说，及时偿清应付债款相当重要，因为这关系到我在行内的声誉。作为一个客户，我无法在不清楚所欠款项的情况下结清账单！我给他打了5次电话索要一张发票。这是一个新的转折——客户多次打电话索要账单。我问与那家公司合作的销售代表，到底发生了什么事，她说："我听说许多客户都是这种情况。"如果你想要迫使现金流自杀的话，这是一种可行的方式。

"后车之鉴"项目一开始就介绍应付账款政策，让客户知道你会在完工之日开具发票。这样的话，谁都不用吓一跳。然后，一旦完成工作了就把发票送过去。去做吧！送出了发票，计时才开始。越早发送发票，越快得到报酬。

确认收到发票

把发票发出去之后，请务必确认客户是否收到发票。如果你是通过电子邮件寄送发票，请连同确认请求一起发送。这太重要了，不可以遗漏。它还提供了一个书面记录，以防有人以此为借口试图赖账。必要的话，你可以这么说："你没有收到发票吗？这就奇怪了。我看到11月11日的确认信息说你已经收到了。"丘吉尔曾经说过："事实优于梦想。"

更多时间段，更小发票额

开具发票的关键是让客户更容易给你钱。我知道这听起来过于直白,但是甚少经营者懂得这一点。当你接到一张超大订单时会发生什么呢,纵然你知道这一刻迟早会来?一口气吃太多会在你胃的底部形成一个硬块,它变成了一种负担。小口吃东西始终更好消化,难道你不这么认为吗?

对于数万美元的发票,我建议把它们分成几份较小金额的发票,并更加频繁地把它们发送出去。这样让客户付钱给你就是小菜一碟,也有助于改善现金流和降低收款风险。这需要付出一点额外的努力,以及做好预先计划,但当你一想到企业因此而有所收益就会觉得所做一切微不足道。

阿普尔盖特集团(Applegate Group)的执行制作人简·阿普尔盖特(Jane Applegate)曾经邀请我为她的小企业观众录制一些创业秘诀。在拍摄的过程中,摄影师告诉我,他曾经为一家大型会计师事务所拍摄一些东西。事务所里有人告诉他,自从不再每月而是每星期向他们的客户

结算账单，他们拿到报酬的速度加快了30%。摄影师采纳了这个建议，也开始每星期跟客户结清账款。他每星期发给客户$500的收费账单，而不是每月开具$2 000的发票，这样他10天内就能拿到报酬而不需要等待60天。我希望我们已经把他这个例子深深地映在脑海里！在开具发票上一个小小的变动就能对现金流产生巨大的影响。

跟踪未偿付票据

重要的是你要了解哪些发票未偿清（未支付），依据未付账款政策，付款何时到期以及逾期票据在客户的应付分类里滞留了多长时间（逾期天数）。每周你都应当清楚在接下来的一周有哪些发票到期。在大多数会计软件中，只要点击一下按钮就能追踪发票的期限。如果你不知道应该如何操作，就让记账员呈交一份报告。这份**逾期发票报告**应显示：

1. 全部尚未支付的发票；
2. 每份发票的付款到期日以及逾期天数；
3. 每份发票的应付金额；
4. 每份发票对应的客户。

你将会感受到这份报告的实用性。

如果发票的平均逾期天数少于30天，那是一个不错的兆头。这意味着有人定期向客户催缴欠款，以确保发票得到偿付。逾期天数越短，发票转换成现金付款的速度越快。正如你现在所知道的，发票的逾期天数超过30天，拿到报酬的可能性大为减少。

随着付款日期临近向客户催缴欠款

成功的企业经营者知道，无论自己喜欢与否，他们都得催缴欠款。他们通过打电话来催款。他们知道应该在到期日的前两天而不是过期之后打电话，这将有利于维护客户关系。为什么呢？倘若在付款到期前给客户打电话，那是对客户的关怀，它是一通核对电话。你让客户觉得，你相信他们会诚信地结清账单，你只不过是前来指导一下流程，你想要竭尽所能地确保付款得到有效的处理。你需要了解他们的手头上是否拥有你的全部信息？正确无误吗？开一张支票是否比银行电汇更加花费时间？如果有安排银行汇款所需的书面文件，提供给客户填写并在当天返回。这样你可能更快地拿到报酬。

具体而言，我建议在星期二到星期四这几天给客户打电话。通常人们在星期一都会过于忙碌，而星期五则由于是周末前夕大家容易对工作心不在焉。在午餐时间之前或之后打电话。我喜欢在上午10点左右给客户打电话。这让别人有时间赶走清晨的困意，也避开了午餐前饥肠辘辘的尴尬。我保证，那是轻松愉快的时间段。

与苏西建立关系

倘若你给大客户打电话查对未偿付发票，那是跟苏西谈话的绝好机会。苏西是谁？她是你客户的应付账款文员，她是在月末开支票的那个人。苏西可能是这地球上最不受重视，且拿着过低薪酬的人了，然而，对小企业来说，她拥有"打开王国的钥匙"。她管理着客户的现金状况。通常，她是决定谁能拿到钱的那个人，她是决定能拿到多少钱的那个人，她是决定何时能拿到钱的那个人。谁能在客户那里首先拿到钱也有一个等级秩序，他们也许永远不会告诉你这些，但事实如此，而且你也应该知道这其中的潜规则。倘若供应商提供的产品或服务是独一无二或难以取代的，那么他们总会优先获得结清账单的机会。作为小企业的经营者，你不可能是处于优先地位的巨头，而与苏西的关系越好，就越有可能尽早拿到欠款。

　　大多数小企业经营者花费大量时间来与购买合同的签订人建立良好关系，但最终却连签发支票的人长什么样都不知道。千万不要忘记，能带给我们销售收入的人非常重要，但能让我们获得钱款的人更加重要。找出每个大客户的"苏西"。如果可能的话，与她本人见上一面，握一握手，正视她的眼睛，让她感受到你对她的重视。她把付款支票发送给你后，请通过邮局给她寄一封手写"谢谢你"的短笺。我不是在开玩笑，花点时间去做吧。为什么呢？因为除了你，没有人意识到苏西的重要性。苏西从来不曾收到过感谢函，大家都完全视其为理所当然。你没有犯同样的错误，所以当她看到你的发票时不会觉得陌生。你甚至可以考虑偶尔邀请她一起共进午餐。然后一边吃饭一边问她："那么，近来如何？"你将会为你学习到的东西惊奇不已。

下面就是一个关于午餐的真实故事，因此而避免的损失是那顿饭钱的许多倍。几年前，我邀请了某个客户的应付账款文员一起吃午饭。他告诉我，那个客户快要破产了，而且准备拖欠我的账单。同一天，我跟我的律师讲了这件事，并鉴于对方无法执行协议的剩余部分而向客户发出了终止合同的正式公函。我们在客户花光了所有钱，无法支付到期发票之前恭恭敬敬地结束了我们之间专业的合作伙伴关系。这真是千钧一发啊！值得庆幸的是，因为我早就跟应付账款文员建立了信任关系，他前来通风报信，我才能在一切暴发之前做好了风险管理，减少了我的损失。

你永远都需要管理好与那个实际处理发票的人的关系。这种观点也适用于身为政府机关的客户。支付账单的是像苏西这样活生生的人，而不是一些鲜少露面的官僚。我曾经为我所在州政府赞助的一家机构进行过大量培训项目工作。我准时地把发票送过去，但5个月过去了，我依然没有收到付款。现在一谈到支付账单，大多数政府机构是世界上最标新立异的地方，因此我知道还需要等一段时间才能拿到欠款。问题是，在这个项目中与我肩并肩一起工作的同行跟我同一时间提交发票，她在30天内就拿到钱款了。这太不合理了。

我打电话给那家机构的联系人，在各种搪塞之后，终于费尽心思地找到了应付账款文员。她正好住在离我们500英里的地方。在跟那个文员通话过程中，我并没有发牢骚，虽然我完美地完成了项目却没有在合理的时间内拿到报酬。我告诉她，我只是想知道，系统内是否有我的发票，以及付款延期的原因是什么。支付系统内我的付款信息是否完全正确？发票遗失了吗？我是否需要在发票上加进其他信息？我还问她，为了方便她的工作我有什么可以效劳的？（上一次别人这样问你是什么时候？）

总之，那位应付账款文员相当不错。我已经忘记了她的名字，但绝不会忘记她的亲切善良。我在5个工作日内就拿到了欠款。

对小企业经营者而言，除了与苏西建立融洽的关系之外，从她的视角来了解周遭世界也给予了自己莫大的帮助。

调整发票以适应苏西的签核权限

向苏西询问她的签核权限，然后使自己的发票维持在这些权限之内。通常，苏西只对金额较小的发票才会有签核权，一般是低于$5 000。如果发票的金额超过了她的签核权限，她需要她的老板或老板的老板给予批准方可填写支票。为什么呢？这是对客户进行的有效风险管理，以确保没有欺诈，并且使现金流得到保护。你的问题是，为了获得所需的签名，你的大发票必须沿着管理链逐级往上递交，这是一个漫长而缓慢的过程。发票的金额越大，便需要越多的签名才能发放现金支付款项，从而愈发延长收到付款的时间。

倘若在经济萧条的大环境中经营一家企业，那么你应当期望付款政策与结账日期变得更加严格，因为你的客户也像其他人一样正在努力管控他们的风险。如果在经济繁荣时期，苏西的签核权限是$5 000，那么等到销售收入下降，资金吃紧时，她的签核权限可能下滑到只有现在的一半。这是完全正常的现象，你只需要知道如何进行预测与管理。如果你之前发出去了一张$5 000的发票，那么应当开始发送$2 500的发票，即使这样会比较麻烦。如果客户下了一个大订单，并且交错发货，这样你就能向客户交错开出发票。然后，如果客户在付款上出了问题的话，你也不至于整张订单的全部金额打水漂。（如果15年前我能按照这些建议来做的话，那么现在早就家财万贯了。）

调整结账周期以适应苏西的付款周期

向苏西询问客户的付款周期，然后使自己开账单的时间与之相一致。大多数公司是在每两周或每月的某个特定日期进行账单结算。把这些日期记录在你的日程表上，或让你的记账员或会计师知道这些，这样你就能在每个开支票日之前预先把发票发过去。每季度核实一次这个流程是否有任何变动。如果恰好结账日之后再发送发票，那么你不得不等到下一个开支票日才能拿到钱款。等待拿到欠款这个过程既浪费财力又会使资金紧缩。

现金流出的管理

在上一章中，我强调通过严格控制企业开支来保存企业元气是至关重要的，而且还提醒你要警惕一些"烧钱"陷阱。在这里，我想要再向你介绍减少现金流出的两个策略。

控制分包商费用

大多数企业会把各种各样的业务转包给个人或其他公司。网络营销就是一个很常见的例子。遗憾的是，许多人并没有提高网站或博客的相关访问量，从而也几乎赚不了什么钱。你应该如何保护企业呢？分散风险。聘请渴望凭借业绩拿到报酬的人才，而不是那些只要固定工资就足矣的员工，这将鼓励你的搜索引擎优化专家充当合作者的角色。精心制订薪酬支出，这样与仅仅支付给搜索引擎优化专家固定工资相比，倘若网站流量统计数据得到显著改善的话，他或她就能拿到更多的报酬。这既可以分散未履约风险，又能节约现金。如果你的小型企业网站取得成功的话，你会非常乐意地向给予你帮助的人们提供报酬。然而，要是网站失败了，你也不会只剩下一堆账单。

另一种节约现金的方法就是严格限制分包商对一个项目所投入的时间。我与聘请的一位撰稿人约定，为最佳小生意助手网站（Best Small Biz Help.com）撰写一篇文章的时间不得超过两个小时。我按照文章的篇数付费。如果她能够更加高效，在更短的时间内创作出一篇很棒的文章，那么实际上她的时薪也随着上升。

向供应商索要折扣

如果你所经营的企业结账准时，其支票从不会被拒付退回，那么你就有了与供应商讨价还价的筹码。即使对于供应商来说，你只是一个小客户，但优良的付款历史记录意味着你可以向供应商索要折扣，或是最终能给企业带来更大现金价值的附加值。

查看当前你与每个供应商协定的结账期。通常情况下，结账期是净30天，即意味着在下达订单之后30天内为付款期限。如果10天内现金结账或货到付款，则要求5%的折扣。倘若供应商不乐意的话，不要与之争论是否应该给予折扣，而是与之争论能给予多大的折扣！如果你与每个供应商都这样做的话，算一算由此能节省下来的钱，你会被吓一跳的。

首要任务就是要做好功课，了解清楚供应商的竞争对手是否为提前付款提供折扣。知己知彼，你才能胸有成竹地凭借着真实数据与供应商讨价还价。你的供应商会对你心悦诚服，甚至提供更大的优惠，尤其是在市场不景气的时候，但前提是你的企业必须能做到准时结账。

在纽约市，有一个企业老板是我认识的最成功且最备受尊重的企业家之一。对他的供应商而言，他是忠实可靠的合作伙伴，但他深信他的账单不是理所当然、一成不变的。每一年，他都会审核供应商的合同，仔细梳理市场，然后为他的账单索要折扣或附加值。有时，这意味着实际发货数量是13个，而账单上却只需要结算12个的价格。供应商还可以提供参加展销会的免费入场券，或为工作人员提供培训方案。

供应商拥有庞大的关系网和丰富的专业知识，但是很少有客户能够利用他们的影响。或许，一个供应商的常驻专家可以到你的公司里，就与你自己或你的员工切身相关的话题举办一个简短的讲座。构建类似这样的知识资本，能够为你的企业增加实际价值。不过，如果你永远不发出请求，就永远不会有收获。

银行费用与收费

不要让银行多收了你的钱。近来，它们越来越变本加厉了。调查相互竞争的各个银行的收费情况，包括小型的地方银行，如果银行收取的费用攀升太快的话，做好准备在年尾结完账之后选择新的银行。小型的地方银行往往提供更好的服务，收取相同或者更低的费用，并且对待小企业的态度都相当不错。

成千上万的企业一直在支付借记卡费与信用卡费，事实上，这些是不应当被收取的。我曾经与一名记账员喝咖啡，他专门为小企业进行信用卡交易审计。他的工作就是想方设法帮助客户降低信用卡购物的支出费用。他告诉我，如果你的企业接受借记卡购物，那么银行极有可能对借记卡交易收取与信用卡交易相同的手续费。这是不恰当的，因为借记卡购物与信用卡购物截然不同。借记卡减少的是早就存入账户的现金，犹如填写支票。相比之下，信用卡账户向买家提供贷款以供其能够在各个零售商那里进行购物，这是一种短期贷款，而且银行因此承担了更大的风险。银行不应该对这两种情况收取同样的费用。借记卡交易的费用率必须比使用信用卡更加低。

如果你的小企业同时接受借记卡与信用卡进行付款，那么检查收单银行提供的结算单，看看使用借记卡购物所收取的费用是否合理。确保银行没有对你的借记卡交易多收取费用。减少这些支出就能增加你的现金！

* * *

我不知道你会怎么做，但如果我把全身心都投入到客户的项目中，完工之后开出了账单，然而却没能收到应得的报酬，那么这会严重损害我的工作态度。在学习如何管理现金循环周期方面，我可谓身经百战，拥有丰富的经验与教训，从而使我能够尽可能地避免类似这样的情形。我承诺，只要学习了这一章节中的策略，你也能够显著提高自己准时拿到全部欠款的概率。这些现金流技巧可能看似不怎么有趣，但要是你听说过某个供应商由于没有拿到客户的欠款而破产且无家可归的惨烈故事，你就不会这么认为了。如今你也是业内人士了，没有任何借口了。

🔽 关键点

- 了解你所在行业内的应付账款政策标准，然后以这些作为基准。
- 在全部合同与发票中以书面形式传达应付账款政策。
- 预先把应付账款政策传达给所有员工、分包商和供应商，以便在必须进行现金交易时就不会出现任何意外。
- 发票是战略性文件，利用它们来强调客户收获的价值。
- 如果一个项目分为几个阶段，预先收取定金，并每完成一个阶段的项目工作就向客户发送发票。
- 向客户交付完产品或服务之后，在同一天把发票发送出去，不要再等待。
- 获得客户已收到发票的书面确认。
- 要求客户处理接近30天期限的发票以弄清楚何时付款，以及你能做什么来加快付款。
- 见一见客户的应付账款文员——苏西，对她所做的一切表达真挚的赞赏与感激，她会帮助你管理现金流风险。
- 了解客户的付款周期，配合该周期发送发票。
- 如果客户的欠款金额非常大，那么分成几张金额较小的发票并频繁发送以避免审核"炼狱"。企业将更快地拿到钱款。
- 为提前付款与现金付款要求折扣。
- 确保银行没有多收钱。

第7章

你的公司值多少钱呢?

资产负债表隐藏的秘密

在第1章中，我提到在财务仪表盘上有三个表：净损益表（车速表），现金流量表（油量表），以及资产负债表（机油压力表）。现在是时候来学习资产负债表是如何诊断企业的整体健康状况的了。

如果你对机油压力表置之不理的话，发动机会停止转动，而你的汽车随之也会"嘎"的一声停下来。如果你对资产负债表置之不理的话，你的企业也是这种下场。

在没有解决资产负债表中所显露问题的情况下，如果你还试图继续运营企业的话，你将会深陷泥沼，困顿不堪。因此，学习如何运用资产负债表是一个相当不错的主意；首先，它衡量的是企业所持资产价值与其所负债务价值之间的相对关系。

资产负债表的大量信息都是从净损益表和现金流量表中获取的，它还引入了财务仪表盘上其他任何表都没有使用的新元素，譬如应收账款、应付账款以及所有者权益。在本章中，我们将首先介绍资产负债表的概貌，然后逐个介绍这些术语。

资产负债表透露了什么

你已经打理这份生意有一段时间了，越来越觉得疲惫不堪。现在的问题是，投入进去的全部时间、辛劳与牺牲到底价值几何？是不是你的企业只剩下电脑、办公桌、设备以及可能还有客户名单等清理价值？或者还有其他衡量价值？如果是这样的话，什么有助于确定自开业以来决策管理所产生的累积效果？我们将会使用哪个表呢？

资产负债表会给我们提供答案。因为资产负债表更加全面，所以它是与净损益表抑或现金流量表完全不同的类型。正如我在开篇第1章中所说的，资产负债表反映了企业在某个时间点的健康概况。我们把产品决策、定价决策、营销与销售活动、现金流管理实践、支出费用、债务决策以及投资决策等全部结果记录在这一个简洁的表格里。图7-1展示了一张典型的小企业资产负债表。

任何资产负债表，无论表面看起来多么复杂，它都只包含三个部分：资产、负债与企业所有者权益。

资产是指由企业拥有或持有所有权的资源。**负债**是指企业所负有的欠债，或者现在或未来必须偿还的债务。两者之间的差值即是已经积累一段时间的**所有者权益**（净值）。所有者权益可以是正值亦可以是负值。如果是正数，那是好事情。如果是负数，则代表经营状况已经亮起小红灯，需要尽快做出一些改善。

把资产负债表看作是一种旧式盘秤，通过在天平的一边加砝码来进行称重，在这里，资产必须与另一边——负债加上所有者权益的重量相等。下面是一个简单的公式表示了资产、负债与所有者权益之间的相互关系。无论你经营的是通用汽车还是街角便利店，这个公式永远不会改变。

一家典型公司的资产负债表

资产		负债	
流动资产		**流动负债**	
现金	$$$$	应付账款	$
库存	$$	信贷额度	$
应收账款	$	应付票据	$
固定资产		**长期负债**	
不动产，厂房，设备	$$$	抵押贷款	$
减：累积折旧	($)	债券	$
总资产	$$$$$$$	**总负债**	$$$$$
		所有者权益	
		留存收益	$
		权益投资	$
		总负债与权益	$$$$$$$

图 7–1

$$资产 = 负债 + 所有者权益$$

在理想的情况中，资产价值大于负债，表示所有者权益为正值。如果资产的增长速度超过负债，所有者权益也随着增加。这就是你想要的。这是一个衡量标准（但不是唯一的衡量标准），目标是你公司正在创造的权益价值，其可能会在未来某个时间点被出售。

换另一种方式来思考资产与负债之间的关系：资产是企业所拥有的资源，负债是企业为这些资产付出的代价。

资产－负债＝所有者权益

这第二个公式的结果与第一个完全相同，但它提供了更深入的见解。

我喜欢这种形式的公式，因为这可以让你看得更透彻。如果我们从资产中减掉负债，那么我们对决策管理是增加还是缩减所有者权益就有了更加清晰的认识。

所有者权益是推导出来的数字，这意味着我们必须对它进行计算。在总资产价值中扣除总负债价值之后剩下的数字就是所有者权益。企业的资产负债表记录了资产的内容、负债的内容以及剩余的所有者权益（是的，如果负债比资产增长得更快的话，所有者权益可能是负数，这是应该避免的一种情形。）

下面是关于所有者权益与时间如何相互影响的个案。令人高兴的是，这是一个充满正能量的例子。硕士毕业之后，我花了 $125 000 在纽约买了一套公寓（是的，那是很久以前的事了。）我交付了 $25 000 定金，然后向银行申请了 $100 000 抵押贷款。我的个人资产负债表显示，公寓被视作一项资产，拥有 $125 000 的市场价值。它还把 $100 000 的抵押贷款记录为与资产相对的负债。最终我在公寓方面的所有者权益就是 $25 000。十多年来，纽约的公寓变得非常值钱，因此我没做什么，公寓的市值已经上涨至 $225 000。你可以在图 7-2 中看到，公寓的资产价值上升了 $100 000，同时我资产负债表中的所有者权益也上升了 $100 000。而且，事实上，它的涨幅比这多得多，因为在这十来年里，我一直在"偿还"我的债务（$100 000 的抵押贷款）。

头1年		10年后	
资产负债表		**资产负债表**	
资产	负债	资产	负债
固定资产 $125,000	长期贷款 $100,000	固定资产 $225,000	长期贷款 $50,000
	所有者权益 $25,000		所有者权益 $175,000

图7-2

总之，资产负债表记录了企业的资产与负债，与我们个人生活的资产负债表相差无异；它显示了企业在其经营期间的累积，以及最终测量了企业的净值。

资产负债表的三个部分

正如我对财务仪表盘上的其他两个表所做的那样，我将会带你逐步了解资产负债表。资产负债表的优点是记录了企业在一段运营时间内的累积结果。它包含了创造的资产、产生的债务以及逐月、逐日增加的权益，还包括客户关系的诚信经营、现金与开支。因此，让我们逐条详细地研究资产负债表。

资　产

资产是现金或可转换成现金的物品。你在资产负债表的左侧栏就能找到这些项目。

图7-3显示了你可能会在资产负债表中发现的资产。

资产仅分为两种类型：流动资产与固定资产。

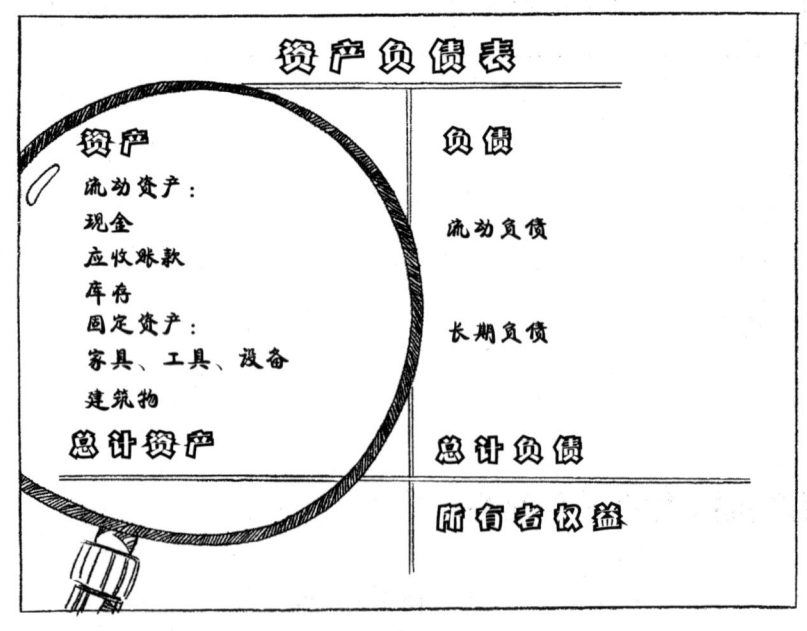

```
资产负债表
资产                  负债
流动资产：
  现金                流动负债
  应收账款
  库存
固定资产：            长期负债
  家具、工具、设备
  建筑物
总计资产              总计负债
                      所有者权益
```

图 7-3

流动资产

流动资产包括现金（不仅仅是银行账户中那些绿油油、皱巴巴的东西，还包括货币市场账户、短期存折及其他"流动性"票据）、应收账款（客户的欠款），以及可以在12个月内转换成现金的库存（货架上与仓库中的存货）。你可能对我使用"流动性"这个词觉得有点意外，但是**流动性**是你必须了解的一个重要概念。它指的是进行资产交易并将其转换为现金的难易程度。流动性越强的资产，销售起来越容易。流动资产与固定资产之间的区别是，流动资产的流动性更强，并且可以在12个月内转换成现金。

现金、应收账款与库存通常是出售产品企业的资产负债表中三个主要行项目，你将会在流动资产下面找到它们。对于服务行业内的企业来说，因为出售的是时间与专业知识，你将不会看到关于库存的任何行项目。

现金

现金一直被放在资产负债表中流动资产下的第一行。我们喜欢现金，现金水平越高越好。一些会计师可能会不同意，但由于与太多现金相比，太少现金导致的问题更加多，我还是坚持自己的意见。资产负债表中的现金数目来源于现金流量表。它标志着在没有额外现金来源的情况下，企业还能支付其账单多长时间。它还表现了企业通过收款活动把净收入转换为现金的程度如何，以及企业管控支出费用来节约现金的程度如何。在第3章、第4章与第5章中你已经学习了这些内容。条条大路通现金。正如你现在所了解的，如果一家企业售出了产品和服务，但发票上的款项却没有收回来，那么现金的缩减可以达到致使公司破产的地步。

应收账款

应收账款，有时也与术语"应收款项"或"应收款"交换使用，它们指的是同一类型的流动资产。如果使用的是复数形式，那么你的会计师正在谈论的是企业的应收账款总额。如果他或她提及的是单数形式的"应收款"，那十有八九是在谈论某个特定客户或主体关于某张特定发票的某笔欠款。

在达成交易、装运货物或履行服务之后，除非客户立刻支付现金，否则在净收入中就产生了一笔应收款。太多废话？这意味着"生成了已达成交易的发票"。你想要你的企业记录这一点，资产负债表是唯一能找到应收账款金额的地方。它表示了客户对企业的所欠款项，以满足其作为交易一部分的义务。

应收账款被认为是企业的流动资产，因为一旦发送了发票，支付了应收账款，那么应收账款就转换为现金。而由于所有应收账款都应当在12个月内支付，因此它们都被看作流动资产。以下是它的运作原理：一旦订单发货了，它就被记录为净损益表上的净收入，同时还是资产负债表中流动资产类别下的应收账款。最终付清发票金额之后，资产负债表中的应收账款减少、现金增加。资产负债表左侧栏的资产总额保持不变，它们只是转移了一下类别。资产负债表将反映这一点。

现金流量表也显示了流入现金，但请记住，现金流量表仅反映现金交易，所以，对尚未支付的欠款来说是盲目的。（在第9章中，你将看到这3个报表如何相辅相成帮助你做出正确的商业决策，敬请期待。)

唯有资产负债表记录应收账款。有某个东西追踪这些是好事，因为它们需要被密切管理以确保企业能够准时拿到全额欠款。记不记得苏西？由她支付你的应收款。

从客户购买东西到支付账单之间可能需要好几个星期，这期间可能会出现很多错误。要了解应收款的定义，知道哪项应收款已经过期，以及紧密地管控它们是让企业维持健康的现金状况的关键之一。所以我们才在前一章中花了很大篇幅来讨论管理发票的具体途径。

"应收票据"是公司借出的钱款，需要在12个月的期限内收回，也可能被列入流动资产中，不过这种票据是比较少见的。

库存

库存是一项流动资产，因为至少理论上讲，它可以在12个月内转换成现金。它一贯以生产成品所需的直接材料成本与直接人工成本来估价。总之，库存始终以销货成本来估价。

管理库存是非常棘手的事情。你需要了解的第一件事是，库存只不过是堆在仓库货架上的一大堆现金。如果那堆库存没有了，那你会得到什么呢？你会得到现金。

库存管理是一种平衡做法。如果企业的库存太少，它无法满足所有的产品需求，这会导致无法按订单发货，也无法把发票发给客户拿回货款。其结果是，净收入、毛利率与现金水平都深受其害。在库存太少的情况下，因为没有足够的有效产品可供销售，所以也无法实现现金潜力。这是一个供应问题。

如果库存量过多的话，还可能引发许多现金问题，尤其是当所销售的是具有保质期的季节性或易腐烂产品。如果库存量比产品需求量大的话，那么太多现金被投入到生产中，同时又不存在销售，将不能将其转换成净收入，从而无法使现金回流。这被视为是一个需求问题。

保持尽可能低的库存量，同时又满足客户需求是相当重要的。如果企业不得不扔掉已经损坏或反季降价的库存，它依然需要支付制造成本。

在一天结束时，任何一种不平衡状况均是不准确的预测结果。尽管没有人能够确切预测未来的需求，但是以下一些注意事项将有助于管理库存水平。

有效的库存管理必须使库存的时间及数量与实际需求尽可能地匹配。你想要缩短从生产产品到达成销售之间的滞后时间。在没有"水晶球"的情况下，实现这点的唯一途径是尽可能地降低堆积库存的时间量。

当客户表示他们对产品的真正兴趣时，依照实际需求——**真实需求**而不是你的期望——**预估需求**来建立库存总是更加容易并且风险较小。"响应能力"——缩短存货过程的时间，是实现这点的唯一途径。通常，能够根据需求来生产存货的那些公司是有很大收益的。

一旦客户提供了他们想要购买产品的类型与数量的实时反馈，就应该开动生产库存的机器了。累积库存的时间越少，任何时候手头上的库存越少，现金运用的效率越高。比较频繁地分批少量建立库存总会形成更好的现金流，并且也比较少出现过剩或不足的库存问题。而更加良好的现金流将会胜于你在规模经济中获取的节约成本的益处（大批量采购原材料更加便宜，大批量订货支付给供应商的单价更低等）。

如果不得不在库存数量过多或过少方面出错，我宁愿是过少的库存量引发的问题，尤其是在经济疲软的时候。我们必须把现金视为有限的宝贵资源来进行管理。现金并非王，而是主宰者，不要将其视为理所当然。如果你售卖的商品在一瞬间被一扫而光，那真是好事情。尽管由于库存不足而失去一些销售额实在令人懊恼不已，但是这总比卖不出去导致库存积压好一些吧。

你要不惜一切代价避免的是退货。退货是死亡之吻。

任何企业都无法在被退货的情况下还能获得盈利。包装与运回货物是需要花钱的，仓库的花费也在所难免，还需要在年末花钱进行投保与存货盘点（美国国税局要求）。在此期间，库存还可能遭受损坏。而且，像我们一样，库存的感知价值也难以随着时光的推移不断增加。总之，这是一个烫手的山芋。

建立大量库存的另一个问题是，我们总是很难知道哪些产品将会畅销。我们以为自己清楚，但说实话，客户总让我们倍感意外。

我公司Bedazzled Inc.的销售产品是丝印T恤衫，有蝴蝶T恤衫和野餐T恤衫。我以为野餐T恤衫会卖得最好，事实上我错了，蝴蝶T恤衫更受欢迎。谁知道呢？嗯，其实我应该（必须）对好朋友们做一个调查，或者甚至在地铁口随机采访一下陌生人。我知道，几乎一切事物都会超出仅是假设而已的想象。

Bonobos Company主要销售订制的男士休闲裤，它所提出的是最精彩绝妙的方案之一，在库存与需求之间取得了平衡，既有充足的库存又不会过量致使现金状况受到损害。他们的整个客户体验与普通的百货公司完全不同。

首先，公司为每款产品打制各种尺寸的样品。然后接受客户预约，他们在令人愉悦的陈列室里试穿样品，从而感觉到自己获得了重视，然后客户下订单（当场使用信用卡付款），Bonobos开始生产货品，并直接运送到客户门口。通常，客户需要等待几个星期才能收到货，因为公司需要集合若干客户的订单才通知工厂开始生产。

这套方法的绝妙之处在于，不需要在尚未售出的存货上浪费一丝一毫的现金。Bonobos在库存上做出的最大投资是制造样品。按件计算的话，这并不便宜，但如果公司尝试猜测可能出现怎样的尺码与款式的需求，并付诸实践、投入生产，结果却搞错了，不得不自个儿消化没人要的剩饭剩菜，那将会是多么昂贵的代价！前者与它比起来简直就是九牛一毛。随着这些漂亮裤子的需求不断增长，库存管理方法很可能将发生变化，他们会承担一些较大风险，通过预测需求来建立库存。在初期资金吃紧的时候，这种按照需求生产的库存管理流程的意义非同凡响。这是相当不错的风险管理。

关于库存管理，必须铭记于心的重点是什么？

- 如果可以的话，首先利用样品测试市场，以便了解真正畅销的是什么。

- 如果可能的话，除非订单在手，否则不要累积大量存货，消耗大量现金。

- 试图寻找能够使生产的库存得到迅速周转的战略合作伙伴。

- 除非你掌握了客户需求的实时数据，与供应商有着非常紧密的联系，否则你永远无法得到精确的库存预测。

- 一般来说，宁愿库存不足出差错，也不要堆积过多存货，以免出问题。

- 如果你必须在支付较高单位销货成本、缩短生产周期、建立库存当中做一下取舍，选择较高销货成本与减少生产时间。频繁地小批量下订单，使库存与现金得到迅速周转。再读一遍这一点，它并不复杂（更加频繁地下小订单），但对于管理库存而言，真的非常非常重要。

下面是关于最后一点的一些具体说明。如果建立库存所需的时间从6星期缩减至1星期，在理论上，企业将仅需拥有正常情况下所需的1/6库存，因为生产线可以更加快速地运转。这意味着较少资金被锁定在存货采购中。如果生产线准备就绪，要是存货被售出了，供应商就能更快补货。这样使得现金的利用率更加高。这还表示，供应商能够生产更多最受欢迎的商品，从而降低退货与剩余存货的风险。单位成本会更高？是的，只要新的销货成本足够低并且能够确保这些商品至少有30%的毛利率，那么支付更多的单位成本是没问题的。实际上，你正在为你节省的时间买单而已。我认为这是值得的，并且会让任何不这么认为的会计师心服口服。

为什么我要花费这么多时间来探讨库存管理呢？因为太多小企业经营者总犯这个可怕的错误。如果库存水平过高，企业耗尽了资金，那可能真的走到了穷途末路。

服务型企业一般不会遭遇制造型企业所面临的库存管理挑战。服务型企业需要管理的库存是时间。我们在第3章中提到过，这里的制约因素是一天24小时。

固定资产

　　固定资产是指，在12个月内无法轻而易举地转换成现金的资产，譬如建筑物、土地、设备、电脑与家具等。这个类别被亲切地称为"不动产、厂房和设备"，或简称"PPE"。厂房与设备最终将不得不进行更换，因此它们每年都贬值，在净损益表中这类折旧显示为年度开支，但自这些资产被购买之日起，在资产负债表中显示为累计支出。（净损益表仅显示一个日历年的开支，而资产负债表显示的是自最初购买厂房与设备开始所发生的累计影响数。）

　　关于固定资产的性质，需要记住以下几点。只是因为一项资产，譬如一座建筑物，其价值可能上下浮动，这并不意味着该资产没有价值。许多因素都可能导致资产负债表中所记录的资产价值出现波动，包括技术变革，当地房地产的供需变化，以及利率与折旧率的变化。你的会计师知道如何正确记录资产价值和折旧费用。（每一家小企业都不尽相同，因此，我不打算在这里研究所有"假设情景分析"。）

　　重要的是，你要知道，流动资产与固定资产之间的区别是，通过出售资产来将资产转换为现金，需要12个月之内的时间范围。出售固定资产套现所需的时间更长。

　　固定资产也往往是具有现金价值，但不容易转换成现金（12个月是关键点）的大宗采购。大多数固定资产均是折旧资产、不动产（土地，即上面没有建筑物除外）。资产负债表中固定资产的价值显示了资产购买价格减去自购买之日起该项资产所损失的折旧总额（由你的会计师核算出来）。（我们可以在第2章和第5章中看到非常详细的折旧讲解。）换言之，你在资产负债表中看到一栋建筑物或一台设备的资产净值等于购买价格减去累计折旧。

这涵盖了资产负债表等式的资产方。这是企业所拥有的一切。

任何事物,有阴必有阳,因此让我们回顾资产负债表的负债方。

负债

负债位于资产负债表的右边,表示了企业负有的所有债务。这些是企业的债务总和,如同资产分为流动资产和固定资产,负债也分为流动负债与长期负债。图7-4显示了你可能会在资产负债表中看到的大部分负债类别。

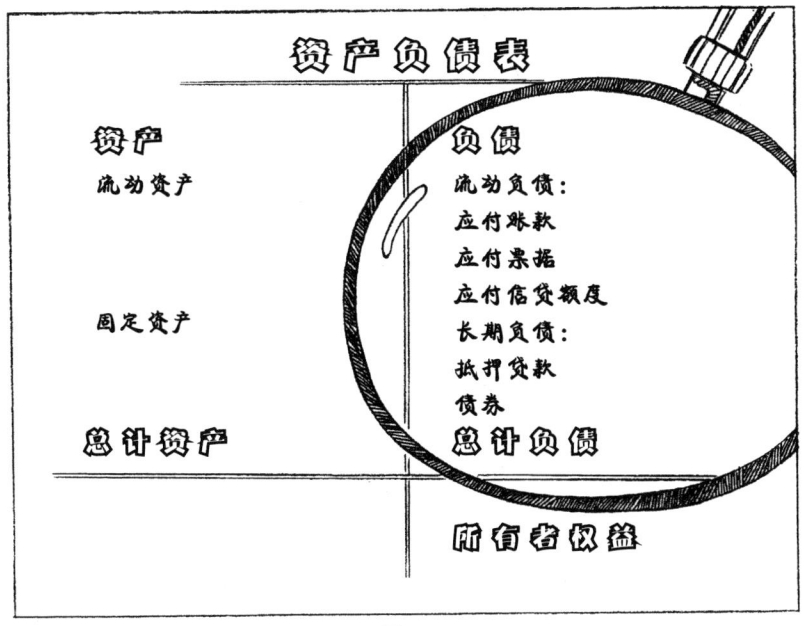

图7-4

流动负债

必须在12个月内偿清的债务，被称为**流动负债**，包括应付账款、应付票据以及应付信贷额度。我们将逐个了解。

应付账款

供应商对已经装运的货物或已经提供的服务所开具的发票被称为**应付账款**（或"应付款"）。如果企业保持最新的应付账款，即及时支付账单，那么将会在供应商面前赢取信誉，必要时也能获得他们的援助。正如你在第5章中所看到的，我在讨论管理现金时讲过，追踪记录应付账款非常重要，因为对企业来说，债务是千真万确的存在。

现金管理至关重要，因为我们使用现金来偿清或支付应付账款。当你填写支票支付未结清的账单时，资产负债表中负债方的应付账款随之下降，流动资产中的现金也相应减少一模一样的金额。这些均反映在资产负债表中。现金流量表也能体现现金流出企业，但唯独资产负债表显示了详细的情况。好消息是，尽管现金这项流动资产已经下降了，但是流动负债即应付账款也相应减少。所有者权益，或企业净值依然没有变化。你很快就会明白这是怎么回事。

一位非常成功的企业家讲述了他早期创业时的一个情况。他和他的合伙人会开车去州界，然后在隔壁州给他们的供应商邮寄支票，因为他们知道这样的话，供应商得多等一两天才能收到支票，从而延缓了这些支票的兑现时间，使公司多得了一两天运营现金的时间。由此可见，创业初期的资金状况是多么紧张，大多数企业都有一段时期难以支付全部账单。这是经济周期的必经阶段。

应付票据

为了抵补资金短缺或建立库存而与投资者、供应商或银行之间产生的短期债务被称为**应付票据**。它们不是长期而是短期债务。通常必须在12个月内偿清这些债务。

应付信贷额度

如果你曾经持有过信用卡，就会对信贷额度是怎么一回事胸中有数了。实际上，除了有没有一张卡之外，两者没有什么区别。你会在**应付信贷额度**中发现另一系列的短期债务。银行与供应商向信用良好的客户提供贷款。通常情况下，这些信贷额度是循环的。企业可以使用部分或全部信贷额度。一旦得到了偿还，信贷额度将会再度开放。如果你拥有一个支票活期存款账户，并且具备优良的信用评级，那么你可以申请**透支保护**。这是银行发放给你的账户的一种短期贷款，可在资金不足的情况下用来应付那些支票。银行会兑现支票，使你能够避免空头支票的全部费用与尴尬，但同时也会向你收取当月的贷款利息。银行还要求每月偿还透支金额。在透支被偿还之前，它始终是企业的一项负债或一种债务。如果没有像上了发条一样准时无误地偿还透支，那么，盯紧银行指挥中心何时关闭透支保护。

信用卡也是另一种形式的循环信贷。企业使用它们来支付差旅费与杂费，并且每个月都会收到注明账户欠款金额的月结单。我的建议是，应当在每月账单到期前全额偿还欠款。虽然信用卡分期偿还用起来非常方便，但它的利率有可能是天文数字，如果没有正确的管理，亦能让企业这艘船倾覆。

是不是难以置信？试试这个。

我开展了名为"给创业小白的财报书"的研讨会。研讨会主要是针对小企业的老板与经营者，活动中还包括每个参与者一对一核查对方的净损益表和现金流量表。

当我看到一位参与者的净损益表，我几乎停止了呼吸。在报表上，有一行项目还跳页。他一年的利息支出是 \$50 000，而该企业的年收入仅 \$200 000。所以对于这样一家小企业而言，能够产生如此天文数字般利息费用的唯一可能性是，他正在偿还信用卡的欠款。只有信用卡公司会收取两位数的利率。这种利息累计起来就像滚雪球一样无比迅速。

猜一猜看，五张不同的信用卡的未偿还金额是多少？如果我告诉你是 \$400 000，你会相信吗？不，我没有在开玩笑。这个企业花了几年时间挖了这么一个又深又可怕的财务窟窿。

对这位小企业经营者来说，他面临着问题之下又有问题的双重挑战。第一个问题是，他的毛利率仅有 15%，而不是我们建议的 30%。毛利率如此之低以至于他还得提高销售量，从而需要更多贷款来填补企业产生的现金收入与建立库存和支付账单所需的支出费用之间的缺口。总之，他发现卖得越多，自己就越深陷财务窟窿。

第二个问题是，只要在偿清每月信用卡债务时遇到了麻烦，他便会立即意识到哪里出错了并且寻求帮助。如果承担每月最低还款额是你的极限，那么你将一辈子也不会在这绝境中找到出路，永远不会！信用卡的最低还款额并没有涵盖到期的全额利息，也只是偿还了部分原始贷款或本金。如果企业无法负担信用卡的每月还款额，那它也买不起任何东西。这是严厉的爱。它还防止企业铸成大错，避免踏上不归路而无法挽回。

我不知道这个家伙的会计师是谁，但是，某个注册会计师竟然能够纵容这种自毁性信贷额度管理行为长达 9 年之久，并且压根没有采取任何措施来避免整个局面变得如此糟糕不堪，一想到这我就觉得极其震惊。是的，那家企业最终不得不宣布破产。

信贷额度并不适合胆小的人。它们应当被谨慎运用，并仅在知道现金正流入企业时进行短期使用。如果企业由于现金流出需求与流入需求之间存在明显的时间滞延，从而需要争取时间，那么应当可以考虑银行的信贷额度，记住，不是信用卡。

银行信贷额度的利率比信用卡利率更加优惠。信用卡更加方便吗？是的。在银行申请信贷额度是不是需要多费点精力？当然。不过，提前多花些精力将会替企业节省一大笔钱，而且如果运作得当的话，还能为企业打下坚实的基础，而不会丧失财务稳健性。在第 8 章中，我将会以一位圈内人的视角向你讲解如何管理银行往来关系，才能轻而易举地获得信贷额度而不会因此备受折磨，同时，你还会学习如何避免其他小企业经营者在申请信贷额度时所犯的错误。

关于流动负债，我最后要说的是：如果企业雇用全职或兼职工作人员的话，那么在资产负债表上会多添加一行，称作**应付薪酬**。这是员工已经赚得但企业尚未支付的钱款。只需要知道它是什么，当它出现的时候你要心中有数。

长期负债

抵押贷款与债券皆属于长期负债的类别。

抵押贷款一般是长期负债，偿还中附带大量利息，且时间长达几十年。

每月按揭支付包括了贷款利息以及拖欠本金，资产负债表中"未偿还抵押贷款"随之减少。（本金仅是原始贷款金额减掉已偿还本金。）换句话说，由于逐月小幅度地偿还负债，因而未偿付负债越来越小，房屋的产权或所有权不断上升。如果企业偿还给银行的按揭贷款越多，那表示它拥有该按揭建筑物的越多产权。你可以从住房抵押贷款（我在曼哈顿的公寓）的角度来理解这一点。按资产负债表来看，你可能觉得比较复杂，但它同样也很简单。你支出现金用于偿还抵押贷款，那么企业亏欠银行的贷款就减少，长期负债金额随之下降，并且，在资产负债表上的另一边，固定资产金额随着房屋产权上升而得到提高。这就是你想要的结果。

如果房屋的出售价格超过了抵押贷款余额，那么从购买者那里收得的款项则用来支付未偿还抵押贷款。如果你运气好的话，还会有一些余钱。

债券是正式确定贷方与借方之间的贷款有效的一种债务工具。每张债券都将反映特定贷款的付款条件与欠款金额。债券是贷方的资产（应收款）也是借方的负债（应付款）。债券往往是一种长期债务工具，通常以抵押品作保，以防借方不偿还贷款。你很少会在小企业的资产负债表上看到"应付债券"这样的行项目。你只需要知道什么是债券就行了。

所有者权益

有人把所有者权益称为股东权益，它们确实是同一个意思；你总会在资产负债表的右侧看到这个数字。尽管所有者权益突显了负债的权利，但它不是一种债务；它仅是资产减掉负债后的剩余所得（即企业拥有的资产减去企业所欠的债务之后的所得）。这部分包括权益投资与留存收益（即累计净收益减去分红)。

权益投资

创业初期,在几乎所有情况下,企业所有者都会往企业注入资金,那么这份资金将出现在所有者权益的下面,这就是权益投资。在这里你看到启动资金 $30 000,那是你的储蓄(和父母的借款)以及你丈夫的赞助 $5 000。这些注入的资金也增加了资产负债表中的流动资产。现金增长,所有者权益也上升,所以最初的规模是保持平衡的。图 7-5 显示了资产负债表中所有者权益的部分。

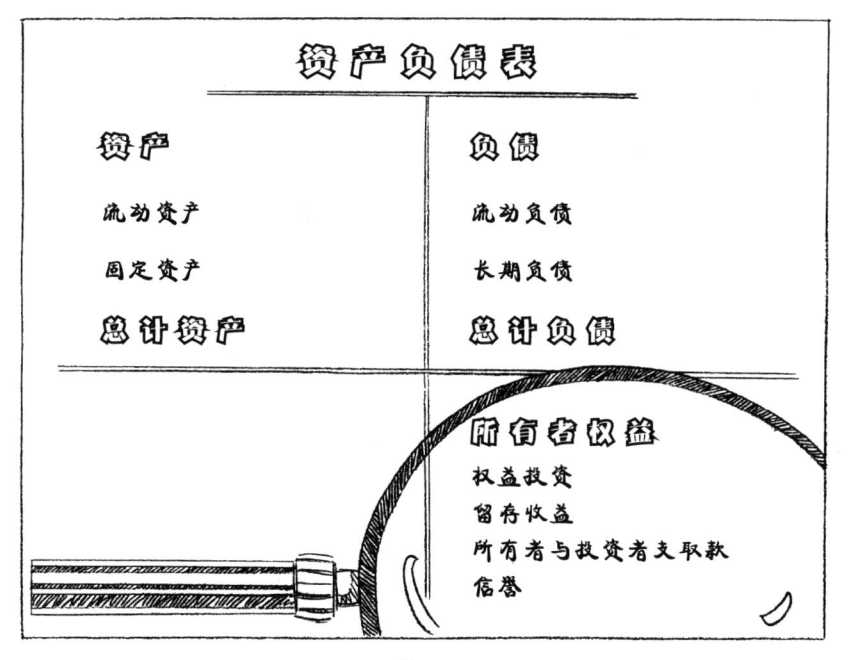

图 7-5

留存收益

把企业自成立以来所产生的全部净收益合计起来，然后扣除任何分红或所有者或投资者支取的钱款（见下文），其所得即是**留存收益**。留存收益是累计的，而你会看到它们的唯一地方是在资产负债表右侧所有者权益的区域中。只有在累计净收益为正值时才会出现留存收益。现在你知道如何通过查看一段时间的净损益表来确定留存收益了。

不用过分看重留存收益。你只需要知道它是什么以及会在资产负债表中哪个地方出现就可以了。

所有者与投资者的支取款

所有者权益项目下可能还会多加一行。独资经营或合伙经营的企业所有者均可合法地从企业中拿出钱来支付给自己，这并不是作为薪资，而是**所有者支取款**或**投资者支取款**。所有者把这作为个人收入进行上报并缴纳了税金，所以他们可以根据自己的选择或多或少地支取钱款。如果企业没有可预测的净收入，那么所有者可以选择获得在资产负债表中呈现的所有者支取款，而不是让企业支付稳定的月薪，这会在净损益表的"销售支出，一般性支出与管理费用"项中显示。

信誉

偶尔你会在资产负债表的所有者权益部分看到一些被称为"信誉"的东西。信誉是与品牌的货币价值相关联的。如果一家公司，譬如苹果公司，已经成功地创造出国际知名品牌，人们会争先恐后地购买其产品，难以抗拒加诸产品上的品牌光环，那么这家公司就具备了品牌资产。创建了美国商业银行（Commerce Bank）与英国首都银行（Metro Bank）的天才人物弗农·希尔（Vernon Hill）说过，当公司与客户合为一体时，你就拥有了情感化的品牌。情感化品牌拥有狂热的粉丝。情感化品牌具有货币价值。

作为一位小企业经营者，你可能没有品牌资产。不用担心，你只需要知道它是什么以便以后一旦看到它就清楚它所表达的意思，它通常都被罗列入上市公司的资产负债表中。

* * *

资产负债表的妙处在于透露了净损益表和现金流量表都没有显示的许多被隐藏起来的东西，譬如应收账款、流动资产与固定资产、应付账款、长期负债以及所有者权益。它还可用于记录企业自创办以来的累积表现。相比之下，通常净损益表与现金流量表仅显示月度总额与年度总额。

在资产负债表中，总资产与总负债是显而易见的。人们很容易发现流动资产与流动负债之间的关系，也很容易知道企业是否能够满足接下来12个月的即时现金需求。现金流量表可以帮助我们做到这一点，但资产负债表能够让我们了解得更为全面。

得知你企业的价值不仅仅只有电脑和办公桌这种残值是不是甚感安慰呢？可以使真实权益成为企业价值的一部分，最终出售给另一位想要看到企业蓬勃发展的勇敢探险者，说不定还能从中赚取差价。记住，整个企业本身可以是一种资产，如果资产负债表表现强劲的话，所有者权益也随之增长。任何贷款人或投资者都会被这样的资产负债表所吸引。它是企业的读者文摘版。在第8章中，我们将窥视银行的后台，看看他们的想法以及他们是如何审核你的资产负债表的。大多数小企业经营者并不懂得如何优化自身的银行关系。读完这本书，你就不会成为这样的小企业经营者了。

关键点

> 资产负债表记录了在一段时间内企业运营的累计成果。这是查看公司如何通过一段时间运营来创建净值的累计成果的有效方式。

> 使用下列任一公式来计算出企业的净值：
> 资产＝负债＋所有者权益　资产－负债＝所有者权益

> 资产负债表的左侧显示了流动资产——现金、应收账款和库存，以及固定资产——房屋、设备、家具和电脑。

> 流动资产的金额加上固定资产的金额得出总资产。

> 资产负债表的右侧显示了流动负债——应付账款、应付票据、应付信贷额度和应付薪资，以及长期负债——抵押贷款或偿还期限超过12个月的其他债务。

> 流动负债的金额加上长期负债的金额得出总负债。

> 所有者权益（净值）包含所有者对公司的投资与留存收益（再度对公司进行投资的累计净收益）减去所有者或投资者的支取款。

第 8 章

资产负债表在行动
如何赢得朋友＆如何影响银行家

在本书中，我自始至终都在向你介绍如何建立一家能够持续经营的企业，持续经营是注册会计师和银行从业人员用来描述一家经营有方、盈利丰厚且在可预见未来里没有受到破产威胁的企业的会计术语。持续经营是指企业能够进行自我维持，其具备可预测的收入来源、合理的支出费用，以及足以应付各种账单的充足的现金量。创建这样的企业必须是每个小企业所有者或经营者的目标。

为了帮助你逐渐达到可持续经营，我需要先带你了解一下财务仪表盘的构成部件——净损益表、现金流量表与资产负债表，这样你就能够判断你的企业是否具有持续经营的潜力。

资产负债表让我们对企业的财务状况有了正确而深刻的认识。在本章中，我将阐述倘若你对你所经营的企业运用了前面章节所提出的建议，资产、负债和所有者权益都会发生什么样的变化，我还会向你介绍银行家们查看的几个关键性比率，它们表明了企业的债务水平是处于易控制范围内，还是进入了危险区域而需要尽快解决。

资产负债表最妙的地方是，它记录了企业自成立之日起全部运营活动的结果,这就是银行家们非常喜爱它的原因。当企业申请信贷额度或长期贷款时,他们会首先关注它。因此,这一章的主要内容就是:如何获得银行的商业贷款。

现在,你即将学习如何像银行家那样思考。这将极大地提高你获得银行给予信贷额度或长期贷款的机会。

任何小企业都需要稳固的银行关系,因此重要的是促使银行家成为企业成功道路上的战略合作伙伴,他们可能不会是你一辈子最好的朋友,但必然是你的盟友。信不信由你,你的银行家站在你这一边!

我采访了几位资深银行家,从而了解他们的见解与观点。我将在本章中向你透露一些内幕。

资产负债表的数据揭示了什么

在第7章中,你已经对资产负债表有所认识,这里我们再学习一遍。这一次,我们会更加深入地研究资产负债表中各个数字的含义。为此,让我们来看看XYZ公司是怎么一回事(见图8-1)。我们在前面已经学过,资产负债表仅分为三大类别:资产(流动与固定)、负债(流动与长期)以及所有者权益。我们给每一项都加上数值,这样你就能清楚地看到它们之间的关系。

首先来看看流动资产,确切地说,它反映的是企业的现金状况,它占总资产金额的一半。XYZ拥有巨额的现金($110 000),那些资金可以马上用来支付账单或扩展业务,它是企业所拥有的最具流动性的资产。我们需要了解XYZ的整体健康情形,但是仅仅查看现金状况并不会告诉我们一切,我们想要知道把全部流动资产合计起来是否能够支付所有流动负债。现金$110 000加上库存与应收账款$10 000,流动资产总额共计$120 000。这些便是资金以及可在12个月内转换成资金的资产。

现在来看看流动负债。这些是企业必须在12个月内偿还的债务。它可分为两大类:应付账款与信贷额度。XYZ公司的流动负债合计$10 000。任何银行都会想要知道XYZ公司是否拥有能够应付流动负债的**充足营运资金**,即流动资产减掉流动负债。

XYZ公司资产负债表

资产		负债	
流动资产		**流动负债**	
现金	$110 000	应付账款	$9 000
库存	$5 000	信贷额度	$1 000
应收账款	$5 000		
固定资产		**长期负债**	
PPE	$100 000	抵押贷款	$50 000
减:累计折旧	($20 000)		
总资产	$200 000	**总负债**	$60 000
		所有者权益	
		留存收益	$60 000
		权益投资	$80 000
		负债权益总计	$200 000

图8-1

我们计算得出流动资产为$120 000，流动负债为$10 000，那么企业拥有了$110 000营运资金可供其继续发展。这表明该企业拥有健康的资金状况。XYZ公司可以使用银行里的这些现金来偿还抵押贷款和流动负债，最后还能剩下$50 000。尽管库存看起来有点少，然而近期可在这些现金中抽取一部分用来建立更多的库存。可喜的是，凭借如此良好的资金状况，XYZ公司很可能不必背负任何债务就能采购存货。

该公司无法应付支出费用以及偿还自身债务的风险似乎微乎其微。我们知道，这个企业的经营者所承担的债务尚且处于其自身能够轻而易举地偿还掉的安全范围内。

如果我们想要看看这家企业的所有者权益或净值的话，我们可以采用以下两种方式：第一种方式是把留存收益与权益投资加起来，共计$140 000。

$$所有者权益 = 留存收益 + 权益投资$$

$$所有者权益 = \$60\ 000 + \$80\ 000 = \$140\ 000$$

我们能够求得这个数值的第二种方式同样非常简单，只需从总资产中扣除掉总负债即可。毫无意外，我们得到了相同的数值：$140 000。

$$总资产 - 总负债 = 所有者权益$$

$$\$200\ 000 - \$60\ 000 = \$140\ 000$$

请注意，如果你打开一本会计方面的书，你可能会发现这条公式的另外一个版本，如下所示（我们在前面的章节提到过，你可能还记得它）。正如你所看到的，为了找出所有者权益，我们从公式的两边减去总负债金额以得出所有者权益的金额：

$$总资产 = 总负债 + 所有者权益$$

$$\$200\ 000 = \$60\ 000 + 所有者权益$$

$200\ 000 - \$60\ 000 = \$140\ 000$

在第7章中,向你介绍的公式:资产＝负债＋所有者权益（及其变量），"总"这个字被隐藏了。在数学上,所有这些公式都是相同的。

如何改善资产负债表

遗憾的是,大多数小企业所有者手头上都没有像XYZ公司这么漂亮的资产负债表。既然你现在已经充分地理解了资产负债表的意义,那么就让我来提供一些能够改善资产负债表的建议吧。

想要加强资产负债表,要么促使资产的增长速度超过负债,要么在资产不变的情况下仅仅减少负债即可。下面是你在前面章节中学习过的3个最重要的主张,它们将有助于改善你的资产负债表。

毛利率提高至30%或以上

如果你能够把当前的毛利率提高至30%或以上,那么企业将更快抵达盈亏平衡点,并且仅需少量的现金贷款就能不费吹灰之力地扩展业务。企业从销售价格与销货成本之间获取的差价越大,那么客户支付未偿清发票时,应收账款便以较高的毛利率转换成现金付款。这个更高的新毛利率给企业带来了更多的现金,而资产负债表也看起来更健康一些。

采购新库存也易如反掌,只需要利用企业自身产生的现金即可,而不必进行贷款融资。因此，随着毛利率上升，每笔销售交易得来的现金也相应增加。如果企业的开发票与催收欠款流程运作井然有序，那么应收账款中固定的较高毛利率则更加频繁、迅速地转换成更多现金。

及时开发票 & 管理收款流程

如果你能够把这当成公司的每周纪律来执行的话，那么你公司的资产负债表中资产一端的现金金额就会更高。这意味着企业本身就能产生更多现金，而且对贷款或外部投资者的需求较少。

储存在银行里的现金将会增加，应收账款将会减少，并且，至少在理论上，你将不怎么需要依靠贷款的现金来运营企业。而随着信贷额度（负债）的下降，所有者权益也将相应有所增加。客户支付给企业的应收账款减少，但现金却增加相同数额，因此流动资产可能没有变化，但负债下降了，所有者权益上升了。这就是你的目标。

尽量维持最低开支，愈久愈好

把支出费用降到最低还有助于促使企业更快达到盈亏平衡点，并且早日实现自给自足。净收入（包含30%或更高的新毛利率）能够应付全部固定开支与变动开支。如果客户准时支付账单的话，那就几乎不怎么需要依赖外部资金就可以运营企业。维持低开支还应当在假设资产维持不变的情况下，确保流动资产不脱离控制并提高所有者权益。如果资产

第8章 资产负债表在行动——如何赢得朋友&如何影响银行家　179

上升而负债下降，那企业就接近涅槃了。

银行如何评估企业

你把自己的车送去检修时，汽车修理工总是从头到尾地进行一番常规检查，以确保某些关键指示器运转正常。银行在批准贷款之前审核企业时也会这么做。要求不披露姓名的一位银行界知名人士向我们介绍了银行在发放信贷给小企业之前，她的所有贷款人员是如何进行这个审核流程的。

下面我们逐步讲解整个程序：

- **银行通过测试来判断这家企业能否持续经营**。判断企业能否持续经营的关键是它是否拥有稳定、忠实的客户群，可预测的盈利能力，以及可预测的现金流。首先，银行将查看企业至少满一年或两年的净损益表，且逐月翻阅。它想要看看这个企业是否盈利。读完了这本书的前3章，你知道该怎么做。

- **然后银行还会查看净利润百分比**。净收益除以净收入再乘以100%即得出这个百分比。你可以在净损益表中找到净收益（底线）和净收入（顶线）。你会发现，将净收益除以净收入可以计算出有多少净收入掉到底线成为利润。请记住，我们是针对普通的街角杂货店所说的，净利润的比例通常大约只有2%？嗯，每个行业都有自己的净利润百分比标准，你应该知道自身行业的标准是什么，这会使你成为明智的商业银行客户。如果你所运营小企业的净利润百分比高于行业平均水平，那么你将会赢得所有银行家的好感。

- **接下来，银行会查看毛利率，看看它是否足以支付固定费用与变动费用**。你可能还记得，包括短期与长期债务利息在内的全部支出费用都从毛利率中支出。这也可以在净损益表上的变动费用中找到。如果毛利率超过了30%，银行很可能会得出这样的结论：你在定价以及控制直接变动成本（销货成本）方面干得非常出色。我们在第3章深入探讨了应当怎么做才能提高毛利率以达到30%以上。

- **银行还想要了解这个收入是继续增长还是逐渐枯竭**。审查客户群的资质对回答这个问题相当重要。在第5章中，我们比较了Jane's Hardware 与 Joe's Hardware 各自的客户群，一家企业拥有多元化的客户群，另一家则没有。银行也同样会查看客户购买行为。要求你的记账员准备好一份报告，要说明企业保留两年以上的客户比例，以及仅在今年才有购买行为的新客户人数。客户是否会定期购买？或者他们已经是长期的老客户？银行家知道，客户忠诚度会推动重复购买率，提高新客户的推荐率，从而增加净收入。一系列净损益表均显示了净收入不断增长，这使银行对你企业的前景充满了信心。

- **银行会查看企业将未偿付票据转换成现金的程度如何**。这时候现金流量表将提供详细的介绍。银行会查看企业的现金流量周期，我们在第5章中讨论过这个周期。现金循环周期记录了企业必须支付账单与客户偿还账单之间的时间间隔。我的银行主管把这称为"融资应收账款/应付账款的时间间隙"。银行想要看到你在催收企业欠款方面的有效程度。这就是为什么我们在第5章中花费了这么多时间来讨论实现这个目标的简单技巧。

- **银行将查看营运资金的规模**。它会核查资产负债表，对资产与负债进行比较以确定该企业是否能够支付额外短期或长期债务的利息和本金，就像我们对XYZ公司所做的一样。它会从流动资产中扣除库存来看看最具流动性的资产，即现金与应收账款是否足以支付流动负债。这是一种"假设"情景测试，有助于银行确定，在最糟糕的情况下该企业是否能够偿付其债务。

- **最后但并非最不重要，银行将仔细查看该企业的关键人物**。它想要了解负责日常运转的经营者的历史背景。专业技能、丰富

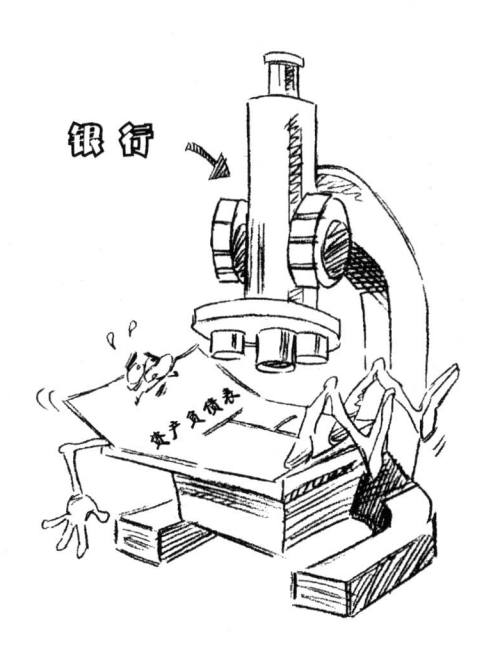

经验以及在公司中的资历深厚等全都被认为是申请任何银行贷款的有利条件。银行知道，多年来合作得天衣无缝的团队更加能够成功地经营出赚大钱的公司。

贷款期限与抵押品作用

银行家是实用主义者。他们想要知道偿还贷款的方式和时间，以及用于抵押的物品。倘若企业不幸破产的话，这些抵押品可被变现（出售）来偿清贷款。这使你的贷款申请更加容易获得银行的批准。

贷款期限与资产预期寿命周期相匹配

举个例子来说，如果你为了创建库存需要融资流动资产的话，你可以使用流动负债来进行融资，也就是像银行的信贷额度之类的短期贷款。另一种短期贷款的选择是向制造库存的供应商申请信贷，但通常需要为此建立长期合作关系。无论是上述哪一种情况，这个信贷额度皆显示于资产负债表的应付账款项目中。

这种逻辑不仅适用于短期资产融资，也适用于长期资产融资。如果你购买了可能有30年使用年限的房屋，那么你应当使用长期抵押贷款来融资。这会出现在资产负债表的长期负债中。

抵押品来了

如果你已经和想要购买这批库存的客户签下了订单，那么向银行或供应商贷款将会更加轻松。在经营Bedazzled公司的时候，我曾经凭借手头上来自本地某位著名零售商的采购订单前往银行洽谈小企业管理局贷款事宜，这份订单成为了短期债务的抵押品，这大大降低了银行的风险。

抵押品是可以转换成现金的东西，在这种情况下，应收票据被用作贷款的抵押。它可以用来清偿企业无法偿付的贷款。如果企业贷了一笔款子，但又没有能力偿还的话，贷款人可以出售应收票据以收回贷款的部分或全部剩余本金。维持稳健的资产负债表，即资产大于负债，总会使与银行的洽谈变得更为容易。

与银行打交道的八大误区

我的银行专家曾经提起过，即使是市值达数百万美元的小企业的经营者，在与银行打交道时也是非常天真幼稚的，这个情况让我万分惊讶。不管怎么说，你首先要做一个聪明人。下面是小企业经营者信以为真的八大误区，紧随其后的是出于银行专家视角的真实情况。

误区#1：银行只需要知道我的企业需求营运资金。只要我的资产负债表足够强劲，银行并不关心企业如何使用贷款得来的钱。

真相#1：事实并非如此。银行会详细地向你询问具体情况，你打算如何使用贷到的钱款以及贷款期限。你需要呈交上一个深思熟虑的答案。如果你不这样做的话，银行就会用各种负面的设想来填补这个空白，银行家们通常都是悲观主义者。你是否需要现金来建立库存？这就是所谓的"供应链融资"。

你是否需要企业收回客户欠款来支付工资？这就是所谓的"薪酬融资"。企业是否需要投资于基础设施来扩大规模？这就是所谓的"资本化融资"。为什么贷款目的有重大关系？因为企业为了什么而融资决定了贷款的期限。对企业需要资金的原因以及贷款之于资产负债表的方式，可以清楚地意识到贷款如何有助于促使企业资产增长。

误区#2： 所有银行贷款都是相同的。

真相#2： 你知道这不是真的。我熟识的人士谈起过"循环贷款"，即每30天偿还完毕的信贷额度周而复始地循环。它们就像是赊账卡，但其利率更加低。一旦偿还了贷款，企业又可以再次使用该信贷额度，但只有等到另外30天过去了才能再次借取信贷额度。诸如购买或改造办公空间之类的其他贷款可以是长期贷款，其偿还期与利率完全不同。这些贷款的做法更像是按揭贷款，但因为与其相关的风险更多，所以它们往往是持续时间更短、利息成本更高。

误区#3： 贷款获批之后，只要企业偿还贷款就好，银行压根儿并不关心接下来会发生什么。

真相#3： 银行一旦发放了贷款，它就成为该企业不参与具体经营的合伙人，合作伙伴总想要了解企业是如何运营的。你知道获得贷款所需要满足的那些要求吗？银行希望确保企业的财务状况随着时间的推移继续保持强劲的势头。企业的义务不会随着偿付了贷款本金和利息而结束。这是意料之中的事。银行还会要求对企业的财务状况进行季度和年度审查。对此要做好准备。

误区#4：企业作为单独的实体来运转，与老板的个人生活毫无关联，因此银行并不关心企业老板的个人资产负债表。

真相#4：事实并非如此。银行会全盘考虑小企业的所有者与经营者。这意味着，尽管企业作为独立的法人实体进行经营，但银行在对企业发放贷款的时候，可能还会要求私人持有的抵押物（你的房子，你的车子，你的第一部作品，你妻子的首饰）来进行个人担保。如果企业的老板是一名医生或律师，会更受欢迎一些。

误区#5：如果企业出现亏损，只要现金流为正值，银行仍然会提高贷款额。

真相#5：听起来相当不错，但事实并非如此。如果小企业经营者试图通过净损益表上所显示的亏损来减少税金，那么向银行申请贷款时这会成为一个障碍。贷款时重要的是展示出现金流与利润。如果你想要贷款$1.00，银行会要求你让它看到至少$1.35的净收益，以证明在疲软的经济环境中你依旧能够偿还贷款，从而降低贷款违约风险。这里的挑战就是与国税局的拉锯战。一些小企业老板试图预付支出费用来降低利润，从而使自己少缴纳税金（这可能是完全合法的）。但要记住，如果你想要向银行申请贷款，或者如果你最终想要出售企业的话，短期内的减税策略对企业可能相当不利。

误区#6：银行并不查看资产负债表中的留存收益。

真相#6：留存收益是贷款人会细致审查的一个数值。在资产负债表的所有者权益部分就能看到留存收益，它把净损益表与资产负债表连接起来，因为这个数字反映了企业自成立以来所产生的累计净收益。小企业经营者把净收益，即利润，保留在企业内，也可以选择把它分配出去。然而，分配掉全部收益而没有留下部分收益用于未来企业发展会存在一个问题。同样，这里再举贷款$1.00，比值$1.35的例子。让这个比值成为你在年末进行利润分配的指导。如果你打算稍后申请贷款的话，那么申请之前尽可能地在企业内保留多点现金与留存收益。众所周知，在收到贷款资金后，必须保留资产负债表中的现金与留存收益至少90天，这是商业银行的共同要求。向所有者分配利润是完全合法的，但如果你抽出企业的全部现金，银行不会批准你的贷款。

误区#7： 银行只关心我的生意关系。

真相#7： 银行在乎你的全部银行业务需求。如果你在其他地方还拥有数目可观的私人银行存款，那么在申请商业贷款时，建议拿给贷款银行看看，这会给予你举足轻重的谈判筹码。

误区#8： 如果我的企业与银行有许多业务往来，那么我认为自己就是一个大客户。

真相#8： 衡量你的银行业务关系主要是依靠你留存在银行的现金余额大小，而不是流经账户的交易数量。银行凭借存款赚钱，而不仅仅是交易笔数。企业在银行的存款余额越高，就越有筹码与银行讨价还价。

现在，我们已经消除了一些误解，建议你看看下面两个列表：适宜事项与禁忌事项。它们看起来似乎需要理解的东西很多，但它们非常重要。遵照它们的指导很有可能为你节省大量时间与金钱。

与银行合作的适宜事项

- 知道一家"持续经营"企业是什么样的，以及如何证明你所经营的企业属于这个行列。
- 深入了解你的客户群。它是否多元化、稳定、可预测？
- 聘请能干的记账员精确记录企业每周、每月所进行的全部交易。这些信息必须准确、及时并且完整，否则由此形成的报告将不能完全反映企业到底发生了什么。如果你不知道该如何找到一位出色的记账员，那问问你的会计师吧。
- 具备完整、准确的月度与年度财务报表：净损益表、现金流量表与资产负债表。
- 要有个人资产负债表。尽管银行通常会同时查看个人与企业的

财务状况以便对贷款作出明智的决定，但仍然要把企业与个人独立开来。最好准备一份个人简历，这样银行能够看到你的经验。

- 了解现金转换周期，即企业支付供应商的账单与获取客户付款之间的时间间隔。
- 清楚地知道自己申请贷款的原因，以及如果贷款获批的话，你究竟打算如何使用这笔资金。这有助于你展现如何偿还贷款。
- 明确为可持续经营的企业融资营运资金与为尚未达到可持续经营级别的企业融资启动资金之间的区别。
- 知道企业在一年的什么时间需要贷款的资金，然后在发生现金短缺之前至少6个月申请信贷额度。如果你觉得难懂的话，重新阅读第5章中"预算现金的简易方法"部分。

现在来谈谈禁忌事项。

与银行合作的禁忌事项

- 如果你还欠着银行的钱就不要与它进行任何斗争，否则，你一定会输的。
- 不要假设所有贷款的用途都是"流动资金"。有些是为了支撑库存、支付工资等。必须列明贷款的具体目的。
- 一定要带上最新的财务报表（净损益表、现金流量表与资产负债表）上门与银行谈贷款。否则将会严重损害你的信誉，而且可能再也得不到贷款的机会。

- 不要使用所得税申报单来替代月度与年度财务报表。所得税申报单仅仅显示企业申报其需要进行纳税的收益。这对像银行这样的债权人而言没有任何意义。

- 不要呈交不完整或不准确的财务报表。确保在发送给贷款人之前你的会计师已经对它们进行过仔细的检查。

- 不要让你的企业与个人生活在同一时间都背负债务。银行对这两者都很关注。

- 不要指望用银行的借款来弥补工作上的漏洞（请注意这一点）。太多小企业所有者或经营者宁愿向银行支付利息，也不愿意拎起电话向客户催讨欠款！银行是不会在那里替你收拾烂摊子的。重新阅读第6章，学习如何催收欠款。

* * *

小企业的管理并不适合心理承受能力差的人。一家企业有旺季和淡季，它在等待客户付款时，顺理成章地背负债务来扩大客户群、聘请出色的专家，或增加现金量。资产负债表掌握了你的企业是否能够承担更多债务而不会将企业置于风险之中的关键。如果总资产是总负债金额的两倍，那么资产负债表相当强劲，所有者权益为正值。如果流动资产是流动负债规模的两倍，那么几乎可以肯定该企业具备足够的流动性来应付其短期现金需求。如果资产增长速度超过负债，那么企业的净值也正在增长中。管理小企业的累积效应就是结出果实。

在下一章中，我将把整个财务仪表盘汇总在一起，这样你就能促使小企业提高利润、改善现金流，并增加所有者权益。与大多数小企业经营者相比，你已经懂得很多了。恭喜！

◉ 关键点

> 资产负债表是企业自成立至今所发生一切的累计报告。它表示了企业在某个时刻的资产状态。

> 资产负债表是财务仪表盘上不可或缺的报表。它记录了全部资产、负债以及所有者权益。

> 一份健康的资产负债表具备稳健性，有充足的流动性资产基础，能够轻而易举地应付负债（企业的债务）。

> 如果毛利率与现金流得到改善，总支出费用低于盈亏平衡点，资产负债表就会更好看，所有者权益也得到提高。贷款人非常乐意看到具有健康资产负债表的企业。

> 如果你正在经营一家小企业，你必须能够在每个月末以及年底把净损益表、现金流量表和资产负债表打印出来。出色的记账员可以让这个任务变得易如反掌。不要拖延。

> 借钱不是一件坏事。运作良好的企业利用从短期或长期贷款获取的资金来建立自己的资产。

> 成为银行的合作伙伴。银行在乎风险管理，也在意你所经营的

小企业是否成功。各家贷款机构的贷款流程可能看起来有所不同，但分析过程非常相似，现在这对你而言不再是一个谜了。

第9章

合而为一，融会贯通

实时操控财务仪表盘

16岁时，我就迫不及待地考取了驾驶执照。这是一种成年礼，意味着长大成人并且获得了更大限度的自由。在驾驶课上，他们向我们展示了一些可怕的交通事故照片，试图让我们意识到其中存在的风险，但我压根儿没当回事。我认定这种事肯定不会发生在我身上！我相信自己沉稳冷静的性格，足以保证自己的安全。几十年后，一桩几乎致命的车祸使我的一切妄想灰飞烟灭。在一个天寒地冻的二月下午，一小块薄冰成了罪魁祸首，它使以时速55英里在高速路上飞驰的几吨重型钢失去了控制。

那次车祸之后，我知道自己必须做点什么了，否则可能会失去坐在方向盘后面的信心，因此我参加了高效的驾驶课程。尽管我的同学都想学习如何在时速90英里的情况下变换转向，但我只是想了解如何在各种路面状况中生存下来。

我的教练都是赛车手。部分课程就是带学生开着长车身的卡车在赛道上练车。在行驶示范中，教练以时速40英里开着卡车绕圈。卡车在赛道上不断打滑，这恰好就是我那辆汽车在那次车祸中的表现，教练向我们展示了应该如何在危急关头控制好汽车。

教练见这次示范对我产生了极大震动，问我是否还想要继续。我回答道："我想要练习1 000次打滑，学会如何处理好各种类型的打滑，我想要改变自身对打滑的先天反应，以避免在未来发生意外。我想要让防滑安全反应成为我的第二天性。"因此，当大家都在吃午饭的时候，我和教练就在一次又一次地练习令人讨厌的打滑，直至最终踢开了绝佳本能反应的大门。希望下次如果再遇到打滑的情况，我的反应会更加敏捷、机智。

我见过许多企业家就像我当初对待驾车那样对待他们的企业。他们的眼里只有承诺而没有风险，倘若他们意识到了风险，就会通过错误假设来尽量降低风险。然而，如果你能够看懂财务仪表盘，那么在任何经济环境中你都能够预先做出更加完善的商务决策。

在这本书中，我一直在努力协助你管控好运营小企业时出现的侧滑与风险。诺姆·布洛斯基（Norm Brodsky）是一位经验丰富的企业家、作家、财经专栏作者，你将会在第10章中见到他，他认为超过一半的美国企业就是因为在抵达临界点之前没有意识到运营企业的财务风险而导致破产。

我希望阅读这本书的每位小企业经营者都能够免受这种痛苦。在外出实践之前，赛车手教练在课堂上给我讲解基础知识，从第1章到第2章中，我也采用了同样的方式来教导你们。你对财务仪表盘上每个仪器已经逐步有所了解，如今不仅能够理解每个仪表或报表的测量目标，而且也知道如何看懂它们。我希望你能够花费时间与精力仔细研究这些内容，如此它们对你而言便意义非凡，并且能够常伴你左右，适时提供帮助。

我一直让你待在课堂中，远离马路。可以这么说，我教你如何阐释仪表盘所传递给你的信息。

现在是时候走上马路，打开点火开关，然后看看当你转动方向盘，踩下油门或点击刹车时究竟会发生什么。现在是时候看看随着标准事务的出现，财务仪表盘上的每份报表会产生什么变化。

基本商务交易

运营一家企业日常确实只需要做几种规定动作。尽管财务顾问弄出庞大的数目来试图说服你相信事实并非如此，但下列这些具有轻微变化的业务几乎涵盖了运营一家小企业所可能出现业务的75%：

- 以现金交易的付款方式出售产品或服务。
- 依据支付条款的付款方式出售产品或服务。
- 收回应收账款。
- 以支票的形式或按期付款来支付开支。
- 使用信用卡支付费用。
- 贷款。
- 还贷。

让我们来看看完成这些业务之后你的财务仪表盘发生了什么变化。

以现金交易的付款方式出售产品或服务

当你出售产品或服务的时候，你就会收到现金或像信用卡之类的现金等价物作为付款方式。(注:现在我并不打算探讨折扣或信用卡交易费,让我们尽量简单一点儿。)

净损益表的情况

我们通过提高销售价值来增加净收入,采用降低制造、购买或运送产品或服务的费用来缩减销货成本,而增加净收入与销货成本之间的差额则提高了毛利率。较高的毛利率有助于减轻我们的压力。正如我们在第2章与第3章中所探讨的,倘若你获得了不低于销货成本45%的溢价,那么你的每笔生意几乎都是赚钱的,这就是你想要的结果。我们反复强调的准则是什么?所有产品或服务的毛利率均必须至少不低于净收入的30%或者销货成本的45%。

现金流量表的情况

客户向你支付了现金,你的现金状况便得到了改善。任何时候,基于任何原因的现金流入或流出,都将被记录进现金流量表的现金流入或现金流出中。在这种情形下,一旦付款了,现金流入则增加。现金流入企业的速度更快,则支付企业账单的难度更低。

资产负债表的情况

由于这笔现金买卖,在资产负债表中很可能发生变化的三个项目是现金(流动资产)、库存(流动资产),以及潜在的所有者权益。

因为现金是流动资产,所以任何时候,只要现金流量表中的现金发生变化,资产负债表中的现金也随之更改。如果你经营的是以现金流为基础的企业，譬如销售冰淇淋，几乎每笔交易都是现金买卖，因此当净收入上升时，现金流量表与资产负债表中的现金余额也随之增加。由于你每售出一个冰淇淋甜筒所赚取的毛利率是正值（如净损益表中所示），因此在资产负债表中，流动资产与所有者权益均有所增加，等同于销售毛利率的价值。

因为该项目属于当场付款，所以应收账款不会改变——幸好企业经营者再也不必担心未偿付发票的收款事宜了。

在资产负债表中可能出现变化的另一项是库存。在第6章中，我们提到过，由于库存能够在12个月内被转换成现金，因此库存被视为流动资产。在销售之前，记录库存价值的唯一地方是资产负债表中流动资产栏目下的库存项目，其记录了你为该存货所支付的金额，即销货成本。不过，一旦某部分库存被出售了，资产负债表中的库存量则下降，因为客户带走了产品。库存下降了，但你销售冰淇淋获取了利润。如果你能够一直保持这个势头，并且售价必须至少是销货成本再加上45%溢价，那么你经营了一家盈利企业。

如果你按照某种付款条件来购买冰淇淋的原材料，同时又以现金付款的方式来出售冰淇淋，那么，你的现金流会看起来相当不错。但是，如果情况恰好相反应该怎么办呢？倘若你是以分期付款的方式来出售你的产品或服务呢？

依据支付条款的付款方式出售产品或服务

如果你是一个服务供应商，那么你非常可能在某个时间点提供了服务，但要等到迟些时候才会把付款账单寄送给客户。在净损益表中，这笔交易类似于现金交易，但在收取到发票的现金之前，该笔销售不会出现在现金流量表中。

净损益表的情况

无论客户是即刻现金付款还是等到一个月后再付款，该笔销售都被视为净收入记录在净损益表中。正如这笔现金交易的实际情形，销货成本与毛利率都增加。但是，企业必须记录客户依旧需要支付账单的事实，这点在资产负债表中反映出来。请记住，资产负债表发挥了相当重要的作用，因为它记录了所发生的一切，包括何时完成销售以及何时收到付款。

现金流量表的情况

无！空白！现金流量表显示没有活动，因为客户之后才会对企业所出售产品或服务进行付款，没有现金转手。现金流量表正在耐心地等待。

资产负债表的情况

对于企业交付的货品或提供的服务，客户尚未付款。这位客户的借据就被视作流动资产记录在资产负债表的应收账款项目中，其增加了未偿付发票的数值。库存也属于流动资产，降低了已售出库存的销货成本值。除了资产负债表，你在财务仪表盘上的其他任何地方都看不到企业的被欠款额。应收账款的发票金额与库存的销货成本值之间的差额就是该笔交易的毛利率。在资产负债表的所有者权益项中显示了毛利率的数值。

这就是收回全部应收账款是非常重要的原因。如果你没有从客户那

里收回欠款，企业承担了支付卖出去产品的销货成本的重担，没能得到现金付款的益处，也没能提高所有者权益。这等同于把企业往错误的方向推进！

收回应收账款

阅读了第5章与第6章之后，你应当明白，客户尚未支付的发票就是企业的应收账款，而收回你的应收账款是相当重要的。

苏西通常以发票或电汇的形式来结清未偿付账款。如果可以的话，请选择电汇。比起等待兑现支票，你将会更快拿到现金。

净损益表的情况

收回应收账款对净损益表没有任何影响。在达成交易时，该笔销售已被视作净收入记录下来，付款的时间不会让其产生任何变化。

现金流量表的情况

一旦电汇抵达了你的账户或者苏西兑现了支票，现金流量表中的流入现金与期末现金皆相应增加。虽然我们对此并不会感到意外，但现金流却因此得到了很好的改善。这儿重要的不是数字往上攀升，而是你有现金可用来支付各项开支。

资产负债表的情况

在资产负债表中，流动资产总额并不会发生变化，因为你只不过是把一种流动资产换成另一种等值的流动资产，即应收账款变成现金。现在，你有了更多可供使用的现金，而应收账款的数目也变得更小。现金越多，流动性越强。这就是你想要的。

以支票的形式或按期付款来支付开支

每支付一次账单，均被视为一次现金交易，无论你是采用何种形式进行支付，支票、电汇抑或把皱巴巴的美钞装在油腻腻的纸袋里。这适用于任何账单，无论是固定费用如租金或保险，还是变动费用如水电、广告或原材料。

我们假设企业每月支付租金。以下就是该笔业务清讫之后，你的财务仪表盘的状况。

净损益表的情况

当你支付了一张账单的时候，其被视为净一种固定费用或变动费用在净损益表中呈现出来。正如我们在第2章中所提到的，无论销售量怎么变化，固定费用都是一样的，而变动费用则随着销售量的起伏而有所变化。如果你使用了收付实现制，那么在支付该笔费用的时候就被记录下来。如果你的企业采用了权责发生制，（还记得第5章的收付实现制与权责发生制吗？）那么只有等到一个月后发票到期才会记录下这笔开支。

现金流量表的情况

支付了账单，增加了流出现金，减少了期末现金，就那么简单。不过，如果还可以选择在30天内支付账单（而不仅仅到期即付），而你选择了延迟付款（大多数人都是这么做），那么在结清账单之前，现金流量表不会有任何变化。

我希望这一切能够成为你的第二天性。事实上，这一章看似没什么新奇玩意儿，尽责地做好分内工作，你就会迈向通往成功之路。

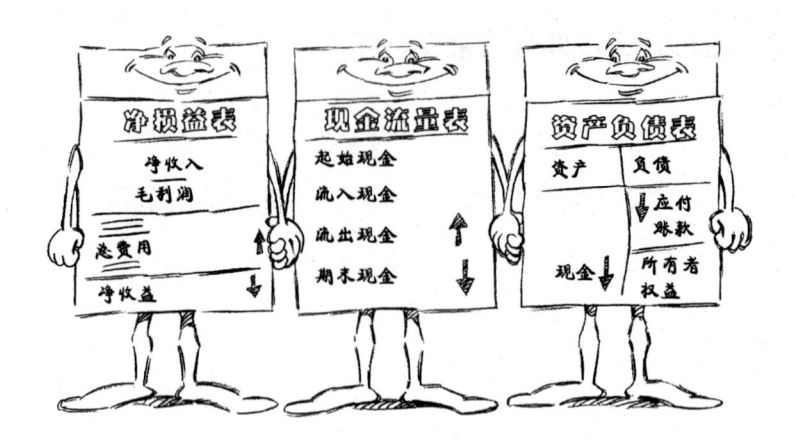

资产负债表的情况

停止！不必继续。尝试猜测一下究竟是怎样的状况。说真的，记下你所猜测的信息。已经完成？好了，现在你可以继续读下一个段落。

如果企业立即支付账单，那么流动资产减少（现金栏）了发票金额。如果企业在未来某个时间点才支付账单的话，通常都是30天内，那么该发票被记录为流动负债（应付账款栏），因此你的流动负债总额增加了发票金额。一旦结清了这张发票，流动负债（应付账款）与流动资产（现金）均减少了相应的金额。）（同样，我们不在这里讨论折扣、利率或滞纳金。）在资产负债表中，所有者权益维持不变，因为流动资产即现金，已经支付了流动负债即应付账款。

使用信用卡支付费用

如果使用信用卡支付账款，那么你增加了企业的流动负债。例如，你把对供应商的债务转移到了信用卡公司。真实的情况是，信用卡公司代表企业付款给供应商。

净损益表的情况

无论你是采用了收付实现制还是权责发生制,净损益表均显示当月支付固定费用与变动费用。如果没有完全结清信用卡债务,所欠债务产生了利息费用,这些额外费用出现在变动费用下的单独一行中,称为"利息支出"。

我们在各种各样的支出费用中都会使用信用卡,譬如营销(商业午餐)、娱乐和差旅费,而这些费用被单独列出来,显示是否已清讫。其实,这是非常有用的,因为它迫使你注意自己使用信用卡的状况,因为没有单独的"刷卡消费"行。

现金流量表的情况

倘若你使用信用卡购买了产品或服务,现金流量表不会有任何变化,因为没有牵涉到任何现金。信用卡公司向企业提供了短期贷款。然而,一旦支付了信用卡账单,则增加了现金流出,减少了期末现金。现金流量表还有专门记录支付内容与支付时间的行项目。这使对实际现金流出的追踪变得非常容易,有助于建立未来的现金流预算。

资产负债表的情况

在资产负债表中,流动负债下的"应付信贷限额"一行显示了信用卡或信贷限额所欠的实际债务。它被认为是一种未偿付的短期贷款。我个人的观点是,应当按月支付全部信用卡账单。其他人可能不这么认为,但我发现，这是防止产生债务问题的最重要途径之一。

实际上，一旦支付了信用卡账单，流动负债下的"应付信贷限额"与流动资产（现金）均减少相同金额。资产负债表维持平衡——所有者权益保持不变。

我所见过小企业经营者掉进的最大陷阱就是信用卡的流动负债过大或增长过快。他们要么无法还债要么仅能支付每月最低还款额。由于高利息费会如滚雪球般迅速增长，这些债务便助长了风险。记不记得第7章中那个可怜的人，企业的5张信用卡带来了$400 000债务？不要让你自己落入他那样的处境。一点忠告：永远不要让流动负债的增长速度超过流动资产。如果你把这个建议铭记于心来经营企业，那么你将收获保持自身神志正常、企业始终具备偿债能力的双重好处。

关于信用卡付账的最后一点是：如果提高了流动负债，而资产没有相应增加，那么所有者权益便会减少。这主意糟透了！这会导致企业净值下降。有时，这种情形在短期内可能不会有什么影响，但必须尽快扭转这种所有者权益下降的趋势。在第8章中，标题为"如何改善资产负债表"部分带你了解如何做到这一点。

贷款

信用卡或信贷额度属于短期贷款。如果你拥有了银行的信贷额度，那么可能出于各种各样的原因而使用该贷款的现金收益。银行可能会设置一些限制，但在通常情况下，信贷额度被用于支付供应商、购买原材料，以及达成交易与客户结清发票期间时滞的融资。在等待客户付款的时候，企业还有需要支付的账单,因此这被称为"应收账款缺口融资"。一旦你由于这样或那样的目的使用了现金,那么你的仪表盘就会出现那么一点儿变化。

净损益表的情况

在利息付款到期或支付贷款利息之前,净损益表不会有任何变化。你所支付的利息显示为利息费用。偿还本金并不被视为一项支出费用,因此并不会出现在净损益表中(可在资产负债表中查询此项)。

现金流量表的情况

现金流量表记录了你从信贷额度中提取的现金流,流入现金随之增加,期末现金也将增加,直至它被花掉。希望其被用于购买必需品而非奢侈品。

资产负债表的情况

资产负债表记录了流动资产下的现金流,以及信贷额度中未偿付的流动负债,其必须偿还给银行。由于资产与负债皆增加相同的金额,因此所有者权益没有出现任何变动。如果你并没有使用银行提供的信贷额度,那么你没有负债,也不需要偿还什么。一旦你使用了部分或全部可用的信贷额度,那么它就被记录为资产负债表中的流动负债(属于应付信贷额度)。

一般情况是这样的。当你拿到贷款时,确保把所得现金款项投入于将会增加收入、提高生产效率(降低销货成本),或减少支出费用的事项中。

这样一来，从信贷额度中得来的现金有助于提高企业的盈利能力与现金流动性。请谨慎阅读最后两句话。这么一段忠告便值得整本书的全部价格。

还贷

贷款分为两部分，利息（贷款人向借款人收取使用货币的报酬）与本金（贷款的原始价值或者偿还后剩下的部分）。让我们假设你有一笔长期贷款的业务，每月需要支付本金和利息，譬如抵押贷款。下面就是财务仪表盘可能发生的变化。

净损益表的情况

在净损益表中，利息支付被记录为变动费用，无论该笔贷款是短期（流动）负债还是长期负债。在净损益表中，我们不会记录本金的偿还，因为它不被视为是一项支出费用，而仅仅是偿还债务。在此期间，随着利息费用的支出，净收入也随之减少，而这点则在净损益表中反映出来。

现金流量表的情况

现金流量表将记录由于支付了利息和本金导致的现金减少。流出现金将增加，而期末现金将减少。

资产负债表的情况

随着本金的偿还，资产负债表中流动资产下的现金减少，并且长期负债下未偿付债务额也相应减少同等金额。

如果该笔贷款被用于购买价值变动的楼房，那么现金减少，但固定资产可能显著上涨，这取决于房地产的价值。还有一种情况，如果该笔贷款被用来建立库存，那么现金减少而库存增加。无论资产值是增加还是减少，贷款的用途决定了所有者权益是增加还是减少。

现在，你能够预测到在通常情况下，企业日常业务的结果了。你已经做好离开练习场，开始在高速路上行驶的准备。但是，在此之前，你还需要了解一些关键比率，它们的表现如同高科技GPS导航系统一样。它们会对你的路程进行定位，因此你会知道该在何时调整方向。

比率与百分比有助于发现规律

能够记录所发生的交易业务的数字相当重要，即上述我教你做的那些内容。然而，更大的目标是能够看出它们的规律并预测未来意义。

比率与百分比将帮助你了解各个数字之间是如何相互关联的。仅仅记录关键衡量指标如何增加或减少是远远不够的，还需要了解它们之间的关联作用。会计师们把这些对比称为"比率"。你即将看到，比率仅仅只不过是一个分数，但就像任何分数一样，你还可以把分数表达为百分比。在会计惯例上，一些比率被以百分比的形式呈现出来，譬如净利率与毛利率，而其他譬如流动比率与速动比率依然保持为简单的比率。不管你是把它们视作比率还是百分比，它们都可以让你对企业不同时期的绩效进行比较。它们有助于你在危机袭来之前发现需要改善之处以及了解问题之所在。如果你记录了这里所列出的比率和百分比，那么你便稳坐泰山了。

净利率

净利率显示了净收入与真实（净）利润之间的关系。它表示了净损益表的顶线与底线之间的关系。

$$净利率 = 净利润 \div 净收入 \times 100\%$$

这是一个效率比率。它测量了某个时期转变成净利润的净收入部分。如果你的净利率百分比不断提高，那么这意味着更多的净收入掉到底线里，这就是你想要的结果。这个百分比的变化显示了利润百分比是上升了还是下降了。对它进行逐月记录以查看它变化的方向。此外，你还得了解自身所在行业的利润百分比，这点很重要。如果你的利润百分比高于行业平均水平，那么你正走向正确的轨道。否则，你需要提高毛利率（提高价格或降低销货成本），或降低运营支出费用。

你将会在净损益表中找到净收入与净收益。

毛利率

毛利润等于净收入减去销货成本。**毛利率**显示了净收入与毛利润——未扣除支出费用的利润之间的百分比。了解这点非常重要，因为我们使用毛利率里的钱来支付企业的全部账单。

$$毛利率 = 毛利润 \div 净收入 \times 100\%$$

在第 2 章与第 3 章中，你知道了 30% 是目标，也就是说，每一美元中必须有30美分的毛利润，这样的话，企业才可望生存下去。同样，每个行业都有其毛利率标准，你应当清楚自身所在行业的毛利是多少；30%只是一个基准。

同样，你也会在净损益表中找到净收入与毛利润。

应收账款周转率

应收账款周转率是收账部门（是你吗？还是你的记账员？岳母？）工作效率的衡量指标之一。我们可以在"应收账款报表"中找到它，你的记账员或会计师能够为你创建这份报表，它告诉你，一年中你收回应收账款的次数。

$$应收账款周转率 = 年度赊销 \div 应收账款平均余额$$

赊销是指客户先取走货物或接受服务，然后依照协议的支付条款在未来某个时间点以现金或现金等价物支付账单的销售事务。在这个公式中，我们使用了全年的赊销总额。

我们希望，这份报表上的数字接近12。这意味着你每个月都在收回应收账款。数字越小，收回应收账款所花费的时间越长，而这对你的企业而言是个糟透的消息。

但要注意的是：由于这是一个平均值，因此其中可能隐藏了一些严重的陈年旧账。你可能会更加看好我在第6章中建议你的记账员为你创建的月度逾期发票报表。

流动比率

流动比率是短期负债的衡量指标之一。通过查看资产负债表中流动资产总额与流动负债总额来得出这个数字,它将会告诉你,你的企业是否具备足够的流动性以支付短期债务。

$$流动比率 = 流动资产总额 \div 流动负债总额$$

流动资产总额包括现金、应收账款与库存。将流动资产总额除以流动负债总额即得出流动比率。2:1的比率基本上能够确保你在夜晚高枕无忧,你的记账员在白天毫无压力。

速动比率

速动比率就是上面介绍的流动比率的变量,但它去除了流动资产中库存的数值。这使得它对企业流动程度的估计更加审慎。(有时,库存是难以清算的,所以这个比率取消掉流动资产中的库存数值。)

$$速动比率 = (现金 + 应收账款) \div 流动负债总额$$

你始终能够在资产负债表中找到现金、应收账款和流动负债。这些流动账目应着重关注,这表明在某个特定时刻,倘若必须立即付款的话,具备多少可用现金与现金等价物以支付总流动负债。你应该争取这个比率至少是1:1。

在银行或供应商要求立即付款的情况下，你要保证流动资产超越流动负债，这种情况在经济不景气的时候可能出现。

随着企业的发展，还需要密切留意其他比率，但上面所列出的那些比率是经营小企业的一个很好的基础。如果你每个月都查看这些，那么你将遥遥领先于你的同行们，他们只能对你望尘莫及。

* * *

现在你有了已开动的财务仪表盘，而GPS导航系统会帮助你抵达想要去的地方。通常，你应当从净损益表开始，因为它记录了净收入，以及与产生收入和运营企业相关联的全部支出费用。

接着，检查现金流量表，看看那里有什么变化，因为倘若你想要打造一家盈利的企业，密切注意期末现金是至关重要的。资产负债表永远放在最后，因为它需要从其他两份报表中获取数字，并且整合企业自成立之日起全部交易事务的累积效应。

规范的会计软件会计算这些比率，只需用鼠标点击几下就行了。你可以要求记账员展示给你看，甚至要求他或她制作的定期财务报表必须包含这些比率。

在那条赛道上我学习到了打滑并不一定意味着几近致命的事故；学会怎样驾驶就能让一切变得不一样。现在，你应该知道如何驾驭你的企业了吧。

关键点

每日

➢ 检查每日现金余额，以防有所需求时无可用现金。（在第6章中，你学习了如何通过制作现金流预算来记录你的"需求"。）网上银行账户将会使查看现金余额以及电子化支付账单更加迅速更加便捷。

➢ 紧接着检查存款，这样你就能够尽快获得现金。兑现异地支票所花费的时间较长，如果出现支票被拒付退回的情况，你也会更快得知。

➢ 利用记账员依照你要求而创建的"逾期发票报表"中的信息，把催收欠款电话列入你的日程中。在他们的账单到期之前，把打这些电话视作日常工作的一部分。（第6章向你介绍了做到这一点的简单方法。）

每周

➢ 要求你的会计师或记账员创建现金流量表以供你进行查核。

➢ 把每周的现金流量表与现金流预算作比较，然后根据已经出现的变化，对下周的现金流量表进行调整。

➢ 查核一周内客户的全部付款，记下那些拖延的付款人。这将有助于你决定是否还想要为这些客户服务或更改付款条件。
- ➢ 如果你有可以代表企业支付账单的员工，譬如应付账款文员，那么在发出付款额超过$250的支票之前，确保自己查核过那些支票及其相应的发票。这使每个人都担负起了各自的责任。

每月

- ➢ 要求你的会计师或记账员创建净损益表与资产负债表以供你每个月进行查核。
- ➢ 审核我们在前面一章中讨论的关键比率与百分比，看看它们的变化过程。如果它们上升了，那太棒了。如果它们开始下滑，那么整理出一个简单的计划以便促使它们在下一个月都得到提高。
- ➢ 每个月都审查你的信用卡账单，以确保所列出的每笔收费都是合法的。如果你迅速地找到问题所在，那么你极有可能得到了信用卡发行商提供的更好的支持，以帮助你解决掉它。

第10章

数字成就企业

诺姆·布洛斯基专访

诺姆·布洛斯基,《街头智慧》(Street Smarts)的专栏作家,《企业》(Inc.)杂志的资深特约编辑,经历了运营一家小企业的各种高峰与低谷。Citistorage是他创立并壮大的六家企业之一,这是一家文件存档公司,他成功地把它打造成大型企业。在2007年,公司市值高达1.1亿美元。但在他的一生中,曾经两度宣布破产。

Citistorage最初是一家提供邮件投递服务的公司。有一天,一位客户要求诺姆储存4箱东西,自此改变了公司的历史进程。现在,如果你前往布鲁克林的威廉斯堡游览,就会看到蓝白相间的大型工业大厦延布在整片街区中,在那里储存了数百万箱文件。Citistorage是威廉斯堡绅士化的一个重要组成部分,证明了成功的企业能够改变周围的生活。诺姆和妻子艾琳(Elaine),以及他们的管理团队所创造的企业文化令每一家世界五百强公司都艳羡不已。

为了使我的学生能够看到经营出色的企业并受其鼓舞,我曾经带着他们到那家公司去参观。在课堂上高谈阔论伟大的管理理论是一回事,亲眼见识它的实际效果又是另一回事。Brodskys的员工不仅仅是一群大型企业公民，而且还是同一社区里和睦的友邻。公司在节假日期间为社区贫困家庭捐赠了大量礼物，每年7月4日的街区聚会也是赫赫有名，成千上万的人涌到海滨来体验诺姆直截了当的慷慨大方。

尽管诺姆如此仁慈宽厚，但他并非是软弱无能之辈。由于某个原因，员工们给诺姆起了个绰号叫"旋风诺姆"。倘若他心中有了某个设想，那么他便会全力以赴，什么也阻止不了他。诺姆是一个不断创新的企业家，非常热衷于帮助小企业蓬勃发展起来。他进行了无数次关于如何经营出成功企业的演讲，并且亲自指导过数百名创业者。他还是一位备受尊敬的作家与慈善家。现在，这个白手起家的人跟你分享他一路走来的经验与启发。令人振奋的消息是，诺姆所谈论的一切，我们已经在这本书中学到了。

诺姆·布洛斯基的内心世界

我曾很幸运地与诺姆一起渡过了几个小时的时光。我能给你们的最好的礼物，就是把我和诺姆的对话原原本本地讲述给你们听。

道恩： 诺姆，谢谢你抽出时间来接受今天这个采访。我很高兴能有机会在自己撰写的书中分享这次采访，我的这本书旨在帮助小企业们，其中许多都正处于困境中。

诺姆： 大伙儿都这么说！我曾经见过很多企业原本可以生存下来却最终逃脱不了破产的悲剧。他们拥有绝佳的理念、产品或者服务，他们也具备销售技巧，但他们的资金被耗光了。当这真的发生时，老板们都惊呆了。大多数人说，"我的钱不够用，我的钱都花光了"。这并不是说他们真的没有足够的资金，而是他们并没有合理使用手头上的现金。这是最基本的一点。通常，他们通过尝试或者仅凭运气来摸清方向。大多数小企业均以失败告终，因为这些老板们对自家企业账本上的数字并没有一个大致的了解。我的观点是，数字成就企业。弄明白这些数字并不困难，你不必为此专门接受会计方面的培训。我在大学里修读了会计专业，但没有获得学分，因为自己压根儿不想得到它。我是以销售为主导的。如果你掌握了这些关键性数字，就可能预测到即将出现的问题。

财务仪表盘是小企业存活下去的关键

道恩： 你觉得为什么只有极少的小企业能够存活下来？

诺姆： 懂得如何解读财务仪表盘是存活下去的关键所在。根据我的经验，这些做点儿小生意的人中，有90%压根搞不清楚自身的财务状况，他们对着一堆报表束手无策。这就是为什么大多数小企业都坚持不下去的原因。大多数小企业经营者一直以为这些数字非常复杂，所以他们对此心生畏惧。其实，教他们如何检测促使自身企业盈利的因素非常容易。

道恩： 运营小企业的首要目标是什么？

诺姆： 最初的目标就是能够存活下去，与盈利与否毫无关系。重要的是你是否能够依靠自身的现金流生存下来。那是重要的组成部分。一旦企业发展起来，还可以做其他许多事。

道恩： 你是如何学习这些数字的？

诺姆： 那是我父亲教我的。在信用卡和百货商场出现之前，他是一个挨家挨户兜售货物的小贩。我问他："您是怎么赚到钱的？"他说："其实这很简单，你看到这个瓶子没有？买进来花了一美元，然后再两美元卖出去。你就有了50%的毛利率。"我也是吃了不少苦头才学会这一切的。尽管如今我已经成功了，但是我历经两次破产，第一次是在我33岁的时候，第二次是在我46岁的时候。你可以雇人完成会计工作，但你无法雇人来领悟这些数字，这是你作为一位创业者的工作。

道恩： 为什么你觉得大多数创业者并不知道应该如何看懂基本的财务报表？

诺姆： 因为大多数创业者都是从销售起步的。他们以为销售是推动企业发展并赢取利润的唯一可做之事。销售确实非常重要，但我们还需要做很多事情才能经营出一家盈利的企业。每次给大家演讲时，我总会提出同样的问题："你们当中有多少人的职业生涯是从销售员干起的，而且现在正经营着自己的小生意？"通常，绝大多数，嗯，超过一半的观众举手。销售人员懂得如何经营企业？他们只晓得推销东西。他们认为，"我卖了100万美元给另外一家公司，我自己做也能行"。他们多半儿能做到。

但是，他们不明白，经营一盘生意除了要懂得销售还需要做其他很多事。没可能仅仅因为你擅长销售，就意味着你不会破产。

道恩： 为什么聘请设计师不是解决之道？

诺姆： 我做的最重要事情之一就是，指导人们学会他们的财务人员和会计师使用的术语，这样他们至少掌握了基础知识。然而，会计师都是历史学家，他们的职能非常重要，因为了解过去才能知晓未来。但是，等到你从会计师手里接过那一堆数字时为时已晚。虽然你可以从历史中学到很多东西，但是你不可能在历史中生存，你必须活在当下。你需要对如何测量推动企业发展的因素有一个基本的了解。你可以重返学校，修读会计课程。但即便你这么做了，那还需要很长的时间。而且这些课程也只是讲些皮毛而已，我不确定他们是否教授运营企业的基础知识。另一个问题是，你可以修读会计课程，并且顺利通过考试，但你依旧搞不清楚应该如何经营企业。

道恩： 小企业经营者需要了解一些什么基础性的东西？

诺姆： 我觉得，最重要的报表是现金流量表。你需要明白它是什么，是如何运作的，以及它要告诉你什么。如果你没有足够的现金来支付那些账单，那么你的生意就得关门歇业。你会因为无法付钱给供应商而购买不了产品，并且也无法支付底下员工的薪酬。我在对这些小老板们进行指导的时候，我们会一起审核收入、成本、现金流，以及各项预算。我浏览了数百份穿插着这些东西的图表！有多少人知道一家盈利的企业也可能会破产呢？创业者们需要了解现金流与利润之间的区别，但大多数人对此一无所知。因此，在这儿问你一个问题，何时才算是完成一笔销售？

道恩： 当你收到那笔交易的钱款时。

诺姆： 没错！很多时候你不会立即拿到钱，除非你经营的是一间糖果店。你的销售计划可能非常棒，但依然可能把钱都耗光！那些小老板会说："我将会把钱花光是什么意思？"他们不明白，如果他们计划一个月内的销售额达到$5 000，而实际上仅有$4 000，这意味着他们可能破产。你每天的日常运作处处都需要钱，而你的资金有限。你必须确保自己不会把钱用光。无论你是否赚到钱，这都被记录在净损益表中，但与现金流没有任何关系。他们必须清楚这个差异。现金是最难以重新补充，也是最容易失去的东西。

创业者常犯的错误

道恩： 你认为，经常出现的问题是什么？

诺姆： 我见过的所有创业者都会犯同样两个毛病，他们高估了销售，低估了运营企业的成本。我是怎么知道的呢？因为我也犯过同样的错误。我教大家的第一件事就是，客观地看待自己在销售上的能力，太过雄心壮志就是在自欺欺人。卖出东西并收到货款才能取得现金流，因此如果销售预测没有实事求是的话，现金流就会中断，而如果他们没有足够的现金就会倒闭。我看到过这些疯狂的销售预测，我说："这些预测实现不了！"他们也是逼不得已的，因为手头上仅筹到$200 000的现金，因此唯有提高销售预测来填补缺口。这不是一个好策略。他们应当依据自身的启动资金，谨慎地发展业务。看看实际的销售能力是多少，而将耗费的实际成本又是多少。大多数人购买了计算机程序，然后根据可用资金任意地估计销售额以及支出费用，这一切都不是市场告诉他们的。进行预测不是为了投资者；它们的目的在于帮助你运营企业。如果你的预测毫无现实依据，那么从一开始你就注定要失败了。

道恩： 开始经营一份生意需要做什么准备？创业者应当如何对这方面进行规划？

诺姆： 他们不知道自己开始做这份生意需要多少钱。绝大多数人不会去商学院进修，所以他们也许能够预测净收入与净收益，但对现金流的预测则毫无头绪。他们不明白一个数字与另一个数字之间的关系。

我曾经为20个小企业主无偿地提供了一个月的指导。他们都有同样的问题。我要求他们制作一份现金流量表，然后他们就递给我他们以为的现金流量表。

他们会说，"这就是我的销售预测，这儿我将要花多少钱，而这儿我将要赚多少钱"。那非常不错，但在实现这些之前他们就会破产。为什么呢？因为他们仅对期望利润做了预算，而期望现金流却一片空白。

在创业初期，如果你能够把现金流管理好，那么即便出现亏损了，企业也依旧可以生存下去。大多数人都意识不到这一点，因为他们不知道收付实现制与权责发生制的区别。净损益表上显示的利润不会告诉你是否具备足够的现金以实现盈亏底线。

年销售额低于500万美元的小型企业通常使用收付实现制，它记录了发生过的现金交易。不过，权责发生制有助于管控今后应收账款与应付账款流入与流出的时机。我们必须追踪记录何时达成交易，以及何时收到付款。这是当前与未来，一周又一周，一个月又一个月，了解自己是否具备足够现金来运营企业的唯一途径。

创业者耗尽资金的真正理由

道恩：大多数创业者说他们之所以破产是因为没有足够的启动资金。

诺姆：他们并不懂得如何使用手头上的启动资金，几乎无一例外。最常见的一种错误是，一开始就租了一间办公室并购买了奢华的家具。创业者必须明白，第一轮资金，无论是自己的存款还是来自家人或朋友，都是很容易筹到的。但是，一旦钱被花了，他们就很难回头再向那些人借钱了。在成为一家盈利的企业之前，银行是不会提供任何贷款的，因此这也不会是一种选择。最终，他们无路可走。动用这笔钱就像动用他们的命根子；命根子没了，他们也活不下去了。

道恩：因此，大多数创业者并不明白奢侈品与必需品的区别？

诺姆：没错。在初期资金紧张的时候，许多创业者却把钱花在了奢侈品上。他们完全不明白，拥有对产生现金流毫无直接助益的任何东西就是一件奢侈的事儿。请记住，现金是最难获得的商品，也是最容易花掉的商品。你压根儿无法轻易地补到货。

道恩：在资金吃紧的时候，你是如何制定削减计划的？

诺姆：在33岁那年，我破产了，我和我妻子不得不坐下来商量如何渡过危机。首先我们必须弄清楚还剩下多少钱，在接下去的12个月里，我们只能依靠这笔钱过活了。其次，我们还必须找出可以缩减开支的地方。在我看来，我们必须放弃一辆车。她说："我们需要两辆车！我们的日程表不一样。"我说："拥有两辆车是一种奢侈，我们不得不更好地规划我们的生活。拥有一辆车是必要的，但拥有两辆车则是不必要的。"如果你一开始就打算节省资金，那么你必须冷酷无情地把各项开支压到最低限度。

道恩： 你已经清楚地见识过其他小企业是如何因此而发生变化的。

诺姆： 曾经有一家不错的软件公司，颇具发展潜力；然而，它破产了。他们在事后来找我。我问："你们把启动资金都用在什么地方了？"他们的办公室、公司标志以及家具没有一样不是顶级豪华的，一切均是高端配置。因此，这帮搞软件的家伙为办公室花上了一大笔钱，但却没有一位客户会看到，因为他们是在客户那里工作。我说："你们把钱都花在奢侈品上了。"但即便把这些道理讲遍了，他们依旧不同意我的观点。

我在经商20年后才买了一件新家具，因为这是一种奢侈。如今，我的办公室豪华宽敞。在我开始创业的时候，配备一把椅子十分必要。但是我并不需要带有自动按摩功能的设计师椅，我为什么要买那些华而不实的玩意儿？

最能暴露企业问题的数字

道恩： 由于账目非常庞大，因此那些数字实在令人望而生畏！你是如何做到持续地集中注意力的？

诺姆： 每一家企业都会有一些数字，它们披露了这家企业的发展趋势以及未来的健康状况。这正是历史数据的有用之处，尤其是针对那些已经经营了一段时间的企业。例如，一家餐馆的老板能够根据星期六晚上的顾客人数来告诉你，下星期现金流的数字大概是怎样的情形。

每一种生意的关键衡量指标不尽相同，它们显示了机会与风险的模式。在经营存储生意的时候，我可以根据每周核查的某些数字说出我们企业的问题所在。其中包括了我们的净收入状况、投递数量、存储箱子数量，以及欠款名单及其金额。

我非常擅长审核这些指标，在我的会计师掏出报表之前我就能说出我们赚了多少钱。

道恩： 你审核的一个指标是应收账款，你是如何看待它的？

诺姆： 如果你的买卖是分期付款的话，那么总会有部分收入尚未收回来。我经商这么久非常了解，大概96%~98%的应收账款是可收回来的。在进行规划和预测时明白这一点非常重要。无论出售的是产品还是服务，任何企业都无法百分百收回全部未偿付发票的款项。在做现金流预测的时候，你必须预留应付坏账的款项。

道恩： 你是如何管控应收账款的？

诺姆： 你得准备一份名单。然后沿着名单逐个提醒那些欠款到期的客户支付账单。大多数小企业经营者一直束手待毙，直至把钱花光为止。紧接着他们才恍然大悟，30天的发票如今已经拖到120天了！要是真的到了这种地步，那你的麻烦大了。如果30天的发票直到120天还没付款的话，那么很有可能，客户由于遇到资金困难而无法还钱了。

专家催收欠款妙招

道恩： 关于应收账款的管理，你有什么建议吗？

诺姆：小企业经营者并不明白收回欠款的重要性。如果客户在30天内没有付款的话，那么应该在第31天就开始向客户催款。不顾一切，迅速出击。而对于延长至90天付款的客户，则应当在第91天就开始催他们付款。即便是有些已经经营多年的小企业也没有遵循这条规则，这是不对的。请不要让应收账款变老。当客户欠你钱的时候，你就是银行！

道恩：小企业经营者一般会怎么做？

诺姆：通常，在意识到收不到钱之前，他们对应收账款都是漫不经心的。然后，他们会去查查看是谁欠了他们的钱。接着，震惊了一会儿。一个家伙欠了他们 $100 000，本来应该在30天内付款的，如今却逾期120天！此外，更大的问题是，为什么你起初要给这位客户提供这类信贷？企业会因为没能按时收到客户的付款而生存不了的。在进行销售洽谈时，记住要预先谈妥付款条件。一旦达成交易，必须追踪记录何时交付服务以及何时收到付款。

道恩：你是如何做到在销售洽谈的过程中提出支付条款的？

诺姆：与其在事后追着没付款的客户讨要欠债，不如在事前更好地评估风险，然后再决定是否想要接受这笔交易。我们跟我们的客户说："我们很高兴能和你们做这笔生意。这些是我们的付款条件。如果你们没能在30天内支付完全部款项的话，我们会收取未偿付发票2%的滞纳金。"只顾着追逐销售是不会有所成就的。

道恩：你是如何应付那些想要60或90天付款条件的客户？

诺姆：事实上，客户不喜欢支付账单，尤其是小企业。预先洽商好支付条款，你可以这么说，"我们等不起60天"。或者"我们得收到付款才能完成下一张订单"。如果我们向尚未结清账单的客户提供更多货物和服务的话，我们的风险就更大了。这也是小企业为何陷入困境的原因。不管你干什么，不要为还欠着钱的客户服务！每周都要催收逾期欠款，不要等到出现资金危机才去想办法。

在销售谈判中商议支付条款

道恩：如果在销售洽谈中没有协商好支付条款的话会有什么风险？

诺姆：你谈成了一笔买卖。你跟客户说，公司的规定是30天内付款。客户讨价还价想要90天的支付期限。现在，你必须做出决定。你可以坚持30天的付款期限，放弃这单生意，也可以接受这笔生意包括其付款条件，考虑一下这是否值得。下面是我对这种决策的看法。

如果利润相当可观的话，我会考虑。否则，放弃这笔生意对我的企业是有利的。虽然看起来净收入没什么优势，但现金流的情况相当不错。

比方说，一笔$1 000 000的生意，毛利率是24%，即$240 000。惯用的付款期限是30天，通常我们会周转$80 000应收账款。这是假设我们在月底拿到全部款额。（诺姆说这些时口若悬河，毫不费力。他得出毛利率$240 000，然后除以三个月，未偿

付的金额为每月 $80 000。坦白地说，这给我留下了深刻的印象。）但客户还想要再多两个月的付款期，这就是说企业必须额外周转 $160 000 应收账款。如果额外融资 $160 000 的费用是 60%，那么我需要知道，企业是否还另外具备约 $100 000 的资金来维持销售？（60% 是诺姆的资本成本，一个让这位经商多年的人铭记于心的数字。你的会计师能够告诉你，对你来说，这个数字是什么。）不然的话，这笔交易就能让我的生意彻底完蛋，即便净收入看起来不错也无济于事！没有人想到这种情况。大多数创业者都不会放弃百万美元的生意。但我会，倘若我知道付款期限太长而这会导致我破产的话。

我并非要你把生意推掉，而是你需要了解到，如果达成交易的话，你可能必须向银行借钱，或者折价出售应收票据以提高资金来周转应收账款。一旦企业正常运转起来并且久经考验，你也许能够筹措到资金来周转应收账款，或许还有更多的选择。但你必须生存下去才能这么做。按照这种条款做买卖始终存在着风险。如果你能够计算风险，就可以做出更加明智的决策。

道恩：你必须清楚自身的成本才能做那样的分析。

诺姆：是的，但除此之外，你还得知道企业是否额外具备 $100 000 现金流来周转应收账款。还有其他成本费用我们尚未谈到，像固定开销分配以及销售佣金核算，这些数目可能相当庞大。

道恩：不仅仅是客户，销售人员也需要共同执行公司的支付条款。

诺姆：没错。我们激励我们的销售人员对支付条款多多留心，因为这可以保护我们的现金流。因此，做成买卖只是第一步，他们还需要关注支付条款。我的销售人员回到了办公室，大声宣布："我们拿下这单生意了！"我始终会追问道："什么时候能拿到钱？"而他们几乎从来都答不出来。大多数销售人员以最低的价格售出货品或服务，因为他们并不在意这笔生意的毛利率或支付条款。你得让他们懂得在乎这些。

我们有一段时期非常艰难，被拖欠了许多货款，后来我们便修改了销售员的佣金制度。在公司收回欠款之前，我们不会支付给销售员任何佣金。这确保了他们在与每位客户洽谈生意的时候都会提到支付条款。

在销售谈判中，一开始就商议支付条款。考虑清楚企业是否能够承担应收账款的融资，确保及时跟进应收账款。这就是整个运作程序。

道恩： 对于想要延期付款的客户，你会跟他们说什么？

诺姆： 这很简单。我们说，"听着，你已经做出了承诺，也了解这笔生意的情形，我们是否可以先结下账呢"？或者，"我只是要求你能遵守承诺。"

道恩： 有时，即便一个劲儿地催收欠款，现金流的紧张状况还是没能缓解。对此，你有什么建议吗？

诺姆： 大多数小企业经营者看到账单到期了，资金又紧张，他们会躲避催款电话，或者把部分款额付给某个或另一个供应商。他们应该这样子，在发票到期之前与供应商取得联系，诚实坦率，并这么说："我们在收回应收账款方面碰到了点儿麻烦，接下去的30天我们一定会把欠的都还上。"然后按此实施。通常，事前总是比事后更容易让供应商妥协。

道恩：当资金枯竭时，我们应当提防什么风险？

诺姆：当小企业出现资金短缺的时候，它们的经营者常常会不支付代扣所得税。这是非常糟糕的做法，这也是最昂贵的开销，因为会被处以巨额罚金。你会因此真正陷入困境。如果一家小企业不通过薪资系统支付工资，那么其老板个人负责所得税扣缴。如果创业者没有正确支付代扣所得税，会被提起刑事指控。在资金短缺时，不把支票发给国税局是件轻而易举的事儿，但因此所带来的风险却是巨大的。不管你做什么，一定要支付代扣的所得税。

成功的创业者应当如何看待资产负债表

道恩：为什么资产负债表如此重要？

诺姆：有多少人能明白什么是资产负债表？几乎没有。我在审核资产负债表时只着重关注两个数字：流动资产与流动负债。如果你的流动负债大于流动资产，那么你破产了，或是差不多快破产了。这意味着你没有足够的现金或现金等价物来应付短期债务。

说个例子，这家企业在陷入困境的时候来找我。我说他们破产了，但他们并不相信我说的，因此我看了一下他们的资产负债表。他们有一笔50万元的银行贷款在3个月后到期，而流动资产是10万元。他们说:"银行会给我们延期。"可能会,也可能不会。我并不是说他们会倒闭,而是说这是一个问题。即便当下可能不是什么问题,但一旦流动负债大于流动资产,一定不能小觑。

这些创业者从不审核自己的资产负债表。他们知道如何看到净损益表,明明显示盈利了,但依旧危机四伏。如果供应商不打算按时拿到报酬,结算账单将会变得越来越困难。我可以看到这一点,但他们看不到。

道恩:创业者应当如何核查资产负债表以供规划之用?

诺姆:管理资产负债表应当是完成年度预算的一部分。大多数企业会预测来年的净收入与净收益,对吧?你还需要密切留意流动资产与流动负债之间的关系,研究一下这个比率看看是否对头。当然,你的供应商可能不介意再多等60天。但是,信守承诺岂不是更好?这样你也无需为此担忧。你也不必打四百个催款电话。为什么不让自己的生活变得更轻松呢?

如何避开侧滑

道恩:诺姆,这么多创业者在身陷危机时都来找你。你是如何给他们建议的?

诺姆:你必须做的第一件事是理顺这团乱麻,然后弄清楚为什么起初会出现这种状况。如果你不研究造成这个局面的根源，那么问题还是会再次出现。我把这称为土拨鼠日综合征（Groundhog Day Syndrome）。你会发现他们并不了解企业的基础数字，因此他们不知道自己的立场应当在哪里。他们不必成为会计师，但看懂财务仪表盘是步骤之一。在教会他们这些之前，任何问题都得不到长期解决。其实，我让他们用铅笔手写他们的预算，因而他们确切地清楚那些数字的来龙去脉。不允许使用Excel软件。

通常情况下，创业者带着现金流问题来找我。我都能理出头绪来。他们需要查核他们的销售数字，他们需要开始准时收回应收账款。我教他们如何应对债权人和供应商。但是，这只能解决发生的问题。

他们需要了解企业日常运作，避免今后出现类似问题。他们需要顺畅地追踪一些关键指标，譬如销售额、毛利率、利润与收款。他们需要知道在哪里可以找到这些信息，以及如何阐释背后的意义。

道恩： 创业者需要懂得很多东西！哪些信息不是那么重要？

诺姆： 他们不必了解资产负债表中更加复杂的部分，譬如留存收益、普通股以及优先股。但是，企业的日常驾驶员需要变得直觉敏锐。这并不困难。大多数创业者能够在几个小时内弄清楚自己需要了解的内容。这也是无关乎年龄的事情。我向在大学里创业的年轻人讲这些东西，他们领会不了。创业已经够艰难了，因此，许多事情都不是你所能控制的，那么为什么不弄明白那些在你控制范围内的东西呢？如果你能够读懂并阐释自己的财务仪表盘，它就会增加你的生存机会。

* * *

诺姆说得完全正确。学会阐释自己的财务仪表盘并不难，但这对企业的发展而言至关重要。

⬇ 关键点

> 知道如何看懂自己的财务仪表盘。如果你是一名创业者的话，这是你的工作。
> 了解收付实现制与权责发生制之间的区别。你需要纵观全局。
> 在不清楚企业是否能够收到付款的情况下不要一味追求净收入。
> 了解如何进行支付条款的谈判以及如何收回应收账款。
> 支付条款应当是销售洽谈内容的一部分，而非在事后才被提起。
> 现金流量表才是王道。这是企业的命根子，需要完全掌握。
> 资产负债表活期存款将会透露财务状况是变得越来越强还是越来越弱。
> 不要试图绕开国税局。这是非常昂贵的策略。

* * *

恭喜你，在《给创业小白的财报书》这本书的阅读过程中幸存下来。根据诺姆·布洛斯基的统计，超过90%的创业者并不了解在这些章节之间的门道儿，但现在你已经对此了如指掌。这显著提高了你所经营的小企业或是在你心中徘徊多年的那个梦想抵达成功巅峰的可能性。你已经学会了如何避开通往成功大道上的那些崎岖不平的坑坑洼洼。

这本书的一大使命是通过那些能够持续盈利、蓬勃发展的企业来释放人才的创造力与天赋。倘若企业存活下来并且繁荣昌盛，个人、家庭与社区也会随之茁壮成长、兴旺发达。我看到过成千上万曾经苦苦挣扎的小企业主如今已找到自己的出路。他们就是学习了我在这里跟你分享的这些妙计才摸索出解决办法的。亲爱的读者，愿你也能加入到他们的行列中吧！

鸣　谢

如今，我知道每一本面世的书，其背后都有一大群人在默默无闻作出贡献。

弗朗西斯·佩尔兹曼·李修（Frances Pelzman Liscio），典型的文艺复兴时期的女人，倘若没有你，这本书永远不可能与大众见面。你是开启这本书的催化剂。因为你，我十分幸运地认识了许多优秀的女士——莱莎·道森（Liza Dawson），黛比·英格兰德尔（Debbie Englander），克里斯蒂娜·帕里西（Christina Parisi）：感谢您们帮我找到AMACOM出版公司。

感谢高级策划编辑——鲍勃·尼尔凯德（Bob Nirkind）：鲍勃，感谢你相信这个项目并对其完工一直满怀信心。你竭尽全力地与每一章节较劲，使其臻于完美。对新作者而言，你的耐心与见识是一份千载难逢的礼物。

亲爱的黛比·波斯纳（Debbie Posner），我的文字编辑，感谢你牵引我至最高标准。认识你，使我成为更棒的思想者、作者与教育者。你的细致入微与一丝不苟使这本书不同凡响。你还使这个艰辛的过程成为一种愉悦的享受。

迈克·西维利（Mike Sivilli）与整个制作团队，感谢你们在把手稿转化成付梓书籍过程中的贡献与创新。

罗恩·布卡洛（Ron Bucalo），你画的插图真是天才的作品。它们让枯燥的主题鲜活起来，给予读者更大的思维空间，没有人会在抚掌大笑时还心生恐惧。与专业人士联手出击真是赏心乐事。

林恩·罗桑斯基(Lynne Rosansky)博士，感谢您认可了我的使命——向小企业团体传授理财知识，同时感谢卡罗尔·海耶特（Carole Hyatt）介绍我们认识。感谢苏珊·罗安（Susan RoAne），你是我这本书的助产师，感谢艾利逊·阿曼汀（Allison Armerding），感谢你帮助我精心打造的方案。

感谢我的教务长助理艾娜·库米（Ina Kumi），感谢你在我以自身微薄之力艰难地披荆斩棘时，一直鼓励我继续耕耘。感谢安东尼·布拉德利博士（Anthony Bradley），感谢你5年来一直在鞭策我前进。杰奎琳·格雷（Jacqueline Grey），感谢你让我顺利度过职业生涯中最艰辛的15个星期。瓦莱丽·科尔曼·莫里斯（Valerie Coleman Morris），感谢你一直提醒我"深呼吸一下吧"，并且坚定不移地相信我为这个世界做出了一些重要的贡献。

乔迪·伍德（Jody Wood），我十分珍惜你在《给创业小白的财报书》研讨会初期给予的支持。你告诉我应当注意的地方，我都如实照做了。感谢维多利亚·阿维莱斯（Victoria Aviles）、杰尔塔·哈根（Gerta Hagen）、伊妮德·卡尔佩（Enid Karpeh）、妮娜·考夫曼（Nina Kaufman）、亚历山德拉·帕雷特（Alexandra Preate）、劳拉·雷迪（Laura Reddy）、迈克·朱姆查克（Mike Zumchak），你们从最初就是忠实的信徒和狂热的粉丝。投桃报李，互助互爱。

感谢我的拉拉队——露林·克拉克（Lourine Clark）、菲利普·克莱门茨（Philip Clements）、露西·德维姆（Lucy De-Vismes）、玛莎·海斯勒（Marsha Heisler）、乔安妮·海利（Joanne Highly）、马林妮·哈克斯（Marleny Hucks）、罗兹·科隆妮（Roz Kroney）、莫妮卡·穆勒（Monika Muller）、卡拉·鲁德（Carla Rood），安娜·朗德特里（Anna Roundtree）以及米歇尔·特纳（Michelle Turner）。你们衷心的祝福一直支撑着我走过这段未知的旅程。感谢简·阿普尔盖特（Jane Applegate）——阿普尔盖特集团（Applegate Group）总裁；拉里·简斯基（Larry Janesky）——Basement Systems总裁；艾普利·维加拉（April Vergara）——汇丰银行（HSBC Bank）高级副总裁。你们的正直与坚毅使你们在这竞争激烈的世界里永远立于不败之地。

诺姆·布洛斯基（Norm Brodsky），特别感谢你倾注这么多时间来提供你的真知灼见。这本书因此而变得更加丰富多彩。

李（Lee）与艾莉·汉利（Allie Hanley），你们慷慨无私的精神是世界一流的。我很荣幸能够认识你们并与你们合作。我将始终感激你们。

感谢我在国王学院（The King's College）的心爱的学生们，感谢我有幸通过纽约莱文学院的Kauffman FastTrac计划指导过的数百名参与者，你们是隐藏在这些书页中的闪光点。

感谢上帝，利用脚踝骨折来考验我，使我在创纪录的时间内专心致志地完成这部手稿，谢谢您。

感谢我的父母，比尔（Bill）与克里斯蒂娜（Christine），感谢你们曾经伴随着Bedazzled长时间过着跌宕起伏的生活，多年之后我才明白这一切。如果没有你们，我不会有今日的成功。

最重要的是，亲爱的读者，感谢您拿起这本书。愿您最终能收获成功，您知道它一直在等您。

出版后记

这两年来,"大众创业、万众创新"成为中国经济发展的"新引擎"。一时之间,大批的创业公司如雨后春笋般冒出来,大幅推高了北京、上海等地高档写字楼的租金。面对一派热火朝天的创业氛围,不乏有识之士忧心忡忡地问:"创业小白,你真的看懂了财务报表吗?"

据统计,每10家创业公司中就有9家会失败。在众多失败原因当中,"资金耗光"高居第二,这本是可以避免的,要知道合格的财务报表无时无刻不在提醒这个问题。或许你要说,财务报表太过复杂,让人望而却步;其实,学会驾驶汽车之前,很多人也认为开车是一件高技术含量的工作。在本书作者看来,财务报表和汽车上的仪表盘有异曲同工之妙,净损益表就像时速表,现金流量表就像油量表,资产负债表就像油压表,经营企业就像驾驶汽车,如果你看不懂财务报表就像无证驾驶一样的危险。

顺着作者的思路,你很快就会发现,财务报表就像汽车上的仪表盘一样一目了然。作者不仅仅是一个财务专家,还有着极为丰富的经营企业的经验,对于如何处理与供应商、客户、银行的关系不乏妙招,而这些妙招将有助于你化解财务报表亮起的红灯。换言之,这不仅仅是一本关于财务报表的通俗读物,还是一本针对创业小白的企业管理指南。

最后，还是要说一句，这真的是一本超级简单的财报书，就连作为超级门外汉的小编我，都能毫无障碍地阅读，且受益匪浅。成功经营一家企业，光能读懂财报还不够，后浪出版公司出版的《横向领导力》《做事的常识》《深度案例思考法》等书也普遍受到商界人士的欢迎，敬请关注。

服务热线：133-6631-2326　　188-1142-1266

读者信箱：reader@hinabook.com

后浪出版公司

2016年4月

图书在版编目（CIP）数据

给创业小白的财报书/（美）道恩·福图普鲁斯著；曾琳译. -- 南昌：江西人民出版社，2016.8

ISBN 978-7-210-08530-0

Ⅰ.①给… Ⅱ.①道…②曾… Ⅲ.①会计报表—普及读物 Ⅳ.①F231.5-49

中国版本图书馆CIP数据核字(2016)第124752号

Accounting for the Numberphobic:A Survival Guide for Small Business Owners.
Copyright © 2015 Dawn Fotopulos.
Published by AMACOM,a division of American Management Association,International,New York.
All rights reserved.

版权登记号：14-2016-0136

给创业小白的财报书

作者：[美]道恩·福图普鲁斯
译者：曾琳　责任编辑：胡滨　赵婷
出版发行：江西人民出版社　印刷：北京京都六环印刷厂
690毫米×960毫米　1/16　16.5印张　字数181千字
2016年8月第1版　2016年8月第1次印刷
ISBN 978-7-210-08530-0
定价：39.80元
赣版权登字-01-2016-362

后浪出版咨询(北京)有限责任公司　常年法律顾问：北京大成律师事务所
周天晖　copyright@hinabook.com

未经许可，不得以任何方式复制或抄袭本书部分或全部内容
版权所有，侵权必究

如有质量问题，请寄回印厂调换。联系电话：010-64010019

理解未来的7个原则：
如何看到不可见，做到不可能

著者：[美] 丹尼尔·伯勒斯（Daniel Burrus）、约翰·戴维·曼（John David Mann）

译者：金丽鑫

书号：978-7-210-08303-0

定价：68元

纽约时报、华尔街日报、美国亚马逊榜首畅销书

不仅向读者展示了未来科技的趋势，并且把远见力总结为一种可以开发、深化、细化的技能，任何人都能迅速掌握。

写的极好，全面透彻地帮助读者掌握7个原则，不论是谁都能从中获得独一无二的技能，提升自我的专业素养。

——史蒂芬·柯维（Stephen R. Covey），《高效能人士的七个习惯》作者

一位资深企业家的洞见和战略选择，极具启发和影响。

——史提夫·福布斯，福布斯集团CEO及《福布斯》总编辑

内容简介

假如未来是可见的，结果会怎样？投资者会播下财富的种子，等待收获确定性的利润；创业者会调整业务方向，下一个台风口会像航班一样准时到来；理解未来就是理解趋势。须知，趋势有硬趋势和软趋势之分，硬趋势是未来的定数，软趋势是未来的变数。

本书的主旨便是对这两者加以区分。作者所领导的机构是全球久负盛名的预测者，数百次精准预测到大变革，无一失手。本书首次公开作者精准预测的逻辑，以理解未来的7大原则构建"远见力"，甫一出版即登亚马逊畅销书排行榜榜首，受到美国商界精英的热烈追捧。如今，只有少数人具有"远见力"。"远见力"是一种可以开发、细化、强化的技能，跟随本书养成正确的习惯，你也能看到硬趋势。